JN076002

Éire [eːrə]

小婆たちの アイルランド

文 山縣直子・写真 伊藤了子

はじめに

　本書は、古来稀と言われる齢七十を越えたふたりの小婆さんたちの、アイルランド旅行記です。アイルランドを撮った写真と、アイルランドを語った文章と、それぞれに。

　撮影担当の Ryo は多くを語りません、写真は見てもらえばわかる、と。

　そこで、お喋り担当の Nam が、本編のお喋りの部の成り立ちについて、ちょっとお話しておきます。

　アイルランドの旅、それは、現実のアイルランドへの旅であると同時に、アイルランドの本のなかの旅であり、少し怪しくなってきた記憶のなかに分け入る旅でもあり、そしてとりわけ、古いアイルランドのことばを新たに学ぶ旅でありました。

　旅行のガイドブックはもちろん、実際の旅をガイドしてくれましたが、学習の旅のガイドをしてくれた本（教科書、というべきかな？）があります。

　本のタイトルは *Learning Irish*、著者は Mícheál Ó Siadhail、初版の出版は Dublin Institute for Advanced Studies, 1980。

　アイルランドでは、ご承知のように公用語が二つあ

ります。第一はアイルランド語、第二は英語。アイルランド語は第一公用語でありながら、英語に日常語の地位を譲って久しく、このことばを母語とする人は今日ではごく少数になってしまい、大多数のアイルランドの人たちはこれを学校で学ばねばなりません（詳しくは本編でどうぞ）。そこで、サマースクールで初学者たちに教える教科書として、この本は作られたそうです。英語を日常語とする独習者も使えるように、文法や発音に関する記述がていねい過ぎるほど詳細で、日本語訳がなければ1課で早々に白旗を揚げていたでしょう。ところがありがたいことに、日本人学習者にとって使いやすいように適切な注釈を加えた編訳本（『アイルランド語文法──コシュ・アーリゲ方言』ミホール・オシール著、京都アイルランド研究会編訳、研究社 2007）が出たのです。研究会の方がたの大きな努力の賜物。おかげさまで、六十の手習いの心強い導きの杖が良いタイミングで得られました。

　学術的にも評価されるほどの高度な語学的知識は、残念ながら（学ぶ側の記憶能力に責任アリで）あまり身についたとはいえませんが、この「教科書」からは、アイルランドの「エッセンス」みたいなものが強く感じ取れました。それは、もうかなり衰えのきた脳の表面の皺に、ではなく、どこかわからないけれど胸の奥深

いところに刻印されたように思います。そしてなんだかよくわからないそれが、アイルランドの旅の実現に向けて、小婆さんの背中を強く押してくれました。この本で勉強した大きな収穫でした。

　さて、いろいろな意味での「旅」から帰ってしばらくして、ふたりで旅の本を作ろうという話になったとき、Ryo が、心をとらえた「みえる〈もの〉」を提示する（シンプル、わかりやすい！）と決めたのに対し、Nam のほうは、心にうかんだ「〈語〉をかたる」（のっけから、ややこしい…）と決めました。

〈語〉は、先に言ったあらたな学びで覚えたいくつかのアイルランド語(単語)です。ものの名前であったり、地名であったり、人名であったり、感情を表す形容詞であったりします。それぞれの〈語〉について、それはどんなものであるか、それについてどんな話があるか、そこで何を見たか、それはどんなふうに起こったか、それは何を思い出させたか、それは…云々、それは…云々、という具合。起承転結も一貫した筋もなしで、自由にお喋りを（もちろんアイルランドの旅に関して、ですが、ぜんぜん関係ないことが入り込んでくる可能性おおいにありで）してみようかな、ということです。なにしろ「かたる」には「語る」も「騙る」もありますから

3

ね、せいぜい、眉に唾をつけてお読みください。

　本のタイトル〈Éire〉は、アイルランド語で「アイルランド」の正式国名です。

〈語〉たちの並ぶ順番は、辞書式配列です、つまりABC順。各項目の見出し語のあとに、発音記号と、意味を記します。ここまではまるで辞書。そして内容は…本編を読んでのお楽しみ。カタカナでアイルランド語を表記するのは、いくつかの例外を除いて、諦めました。とても無理だし、あまり意味がないからです（幸いこれは、語学の教科書でも文化芸術の研究書でもないから）。

　こんなことを思いついたのも、『アイルランド語文法』で勉強したおかげかもしれません。無味乾燥、とふつう考えられている文法書のなかに、とても魅力的な果実がいっぱいつまっていたからです（だから、「辞書」だってもしかしたらおもしろいかも…いや、どうかな…だといいけれど…）。

　Learning Irish を書いてくれた詩人のオシールさんと、それを日本語に訳してくれた京都の研究会の皆さんに、感謝です。

もくじ

I ············ みる 〈Éire〉

II ············ かたる 〈Éire〉

I

みる〈Éire〉

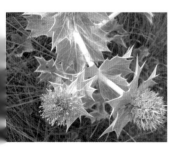

31

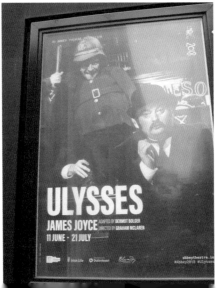

43

ARD
BIA
COOK
BOOK

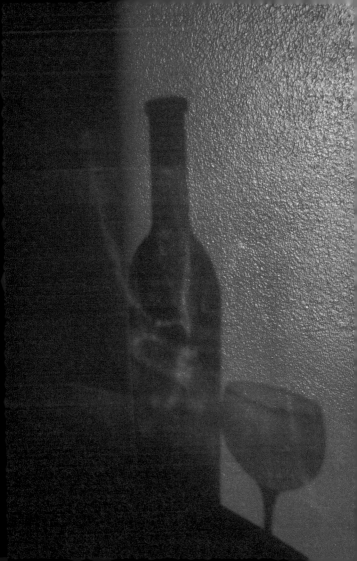

［写真撮影場所］

＊1）　泥炭沼にあるのは燃料のターフだけではない。「18世紀、turf-cutting ターフ掘りの最中に数多くの青銅製品や金製品が発見された。（…）青銅器時代（BC.3000～2000）、鉄器時代（BC.1200～）の人々にとってBog 泥炭沼は特別な場所であった」（ダブリン国立考古学・歴史博物館）。長年の間、偶発的事故や埋葬・宗教的儀式によって、あるいは保管場所として埋められた（埋まった）人間や、武器、食器、装飾品等々。2018年6月、博物館には腐らずミイラ状態になった人間も展示されていた。

＊2）　アイルランドは、「嵐と嵐の間に雨が降る」と言われるくらい雨の多い島。泥炭沼から染み出た雨水が集まって栄養豊富な黒い河になる。

＊3）　聖ブランダンは6世紀アイルランドの修道院長。地上の楽園を求めて、14人の修道士と共にカラハで海に出た（西洋中世ベストセラー『聖ブランダン航海譚』）。ブランダンはケリー県出身のため近くのディングル半島にはBrandonの名を冠する山や岬がある。

II

かたる〈Éire〉

ainm [an'əm'] 名前

　遠い幼時に親しんだ物語の国に行ってみる夢がかなったのは、還暦という年齢を過ぎてからだった。幼い記憶にすり込まれた、さらったヒトを乗せて空を駆ける妖精の馬、踊りの輪に飛びこんで帰って来なかった若者、ベッドに寝かされたしわくちゃで醜い取替え子——怖いのに何かひきつける力のあったそのお話の世界、これは暗い地下の半分。もう半分の、明るい地上の現実の国、Éire アイルランドへ。

　まずはダブリン（ここでさっそく、意地悪な妖精の悪戯の洗礼、でもその話はまた別の機会に…）、それから、この国の劇作家シングに導かれて西のアラン島へ、Ryo さん Nam さん、初めての旅。

　それから6年が過ぎた2018年、再びかの地を踏む機会を得た。

　どうしてももう一度、西のゴールウェイ県の島イニッシュ・マーンに行って、前回は閉まっていた民宿〈An Dún〉に宿を取り、2、3日ゆっくりしたい、というのがわたしたちの共通で最大の願いだった。それと、島に渡る船が発着する町、ゴールウェイのビストロ〈Ard Bia〉で食事をすること。前回その店には何度か

通ったが、そこで食べたかったすべてのメニューを食べることができず、心を残して去ったのだ（Ryo はその店で発行している分厚いレシピ本を、重さをいとわず買って帰った）。

　さらに今回は、せっかくだから前にはまったく足を踏み入れなかった地域にも足を延ばしてみよう、と。大陸からの初期キリスト教伝道譚に興味を持つ Ryo が南を、原始的自然に惹かれる Nam が北を、候補にあげ、期せずして、日本からの往来の基点になる東のダブリンをふくめてアイルランドの東西南北のすべての州の景色を垣間見る旅となった。

　この、2 度目の訪問では、まず税関で面食らった。6 年前には閑古鳥が鳴いていた入国検査に長蛇の列。前には何も訊かれず、パスポートを見せただけで通してくれたのに、今回は、なんだか高いところに坐った審査官が質問してくる。

　──入国の目的は？

　──観光です。

　──何を見に来た？

　…エート、なんて言えばいいか…日本で、こんどアイルランドに行きます、と言うと、たいてい「え？なにしに？」とか「なんでまた？」とかいう反応が返

ってくる（なかには「へぇ、あの火と氷の島ですか、地の果てですな」なんて言う人も…違うって、アイスランドじゃなくてアイルランド！）おそらく、パリに行くと言うと即座に「わぁ、いいなぁ、買い物とグルメ！」、ニューヨークなら「おぉ、仕事ですか？」とか、すぐ納得してくれるだろうに（ま、買い物と美食のためにパリに行ったことはないし、ニューヨークにはそもそも一度も行ったことないけど…）、アイルランドはいちいち行く理由の説明が面倒くさい、というか、ひと言で相手が納得してくれるような理由が、ない。たぶんアイルランドは海外旅行の行き先として、日本ではあまりメジャーではないからだろう。それは国内でだって、夏はヤブハラに行きます、と言ったら「ヤブ…なんですって？」「ヤブハラ、木曾ですよ」「ハァ、キソ…？」とまだ不審顔、「南信州のね」で、やっと「あ、信州、いいところですね、涼しくて」と、行く場所と理由を一挙に（しかも勝手に）納得してくれるが、それと同じようなものだ。メジャーじゃない場所には行く理由が必要だということ。

　ところで、ここ、アイルランドの入り口まで来て、アイルランド人の入国審査官氏の納得を得るもっとも説得的な目的地および入国理由は何か？　イニッシュ・マーンと正直に言えば、あれは観光地じゃない、見るものなんかないと言われるのがオチ、だろう。相

手がアイルランドの人であればこそ。北の果て、ドネゴールはもっとダメだ。それではこれはどうか？　たとえば日本なら——「屋久島に行きます」「あ、スゴいらしいですねぇ、屋久杉、なにしろ世界遺産ですから！」（世界遺産のお墨付きにはそれほど威力があり、日本中、世界中から観光客がつめかける…じつは屋久島にはずっと以前から行きたいと思っていたのに、世界遺産になったとたんにむしろ行きづらくなって、未だその夢は実現していないわたしたちではあるが、口実としてこれ以上はないだろう）——世界遺産、よし、これで行こう。

　——〈スケリッグ・マイケル〉に行きます！（なにしろ、とつけくわえるのはやめておく、先方は百も承知だろうから）

　…ところが相手は「？」（何だ、ソレ？　顔）…あれ？だからその…

　——〈スケリッグ・マイケル〉、えーと、〈スケリッグ・マイクル〉…だからぁ、あの世界遺産の、岩の、海の…ええ、もう、昔の、修道院の〈スケリッグ・マイケル、えーと、マイクル〉！

　すると、となりにいておもしろそうにやりとりを見ていた係官が、「〇×△□」と言い、審査官氏やっとナットク顔。

　——あぁ、そうか、映画だな、〈スター・ウオーズ〉ネ!!

…こんどはこちらが「？」（何だ、ソレ？　顔）。

　わたしたちはふたりとも、有名すぎるアメリカの
SF映画のシリーズを1本も見たことがなかったし、
もちろん撮影場所についても何も知らなかったのだ。
(帰ってからガイドブックを見直したら、12年版にはなかった
「映画・ドラマの舞台を訪ねて」なんていうページがちゃんと
あった！）海の中に突き出したちっぽけな岩礁が世界
遺産になるほど有名になったから、金にものをいわせ
てヘリポートを作ってそこで映画撮影をしたのか（許
せん！）、アメリカの超有名映画監督がドル箱作品の撮
影に使ったから世界遺産になったのか（まさかね！）、
いずれにしろ、わたしたちにハリウッド映画は関係な
し、ガイドブックもそのページには目もくれず。荒波
の打ち寄せる岩礁の上に建てられた、ごく初期のキリ
スト教修道士たちの修行の跡を見てみたいだけだった
のだが。

　〈Skellig Michael〉 ── マイケルだかマイクルだ
か、とにかく選挙みたいに連呼したのに通じなかっ
たのは、やはり日本人の発音だからか、と、そのと
きはちょっとヘコんだが、あとでよく考えると、と
なりにいた係官の言った〈○×△□〉は、〈Sceilg
Mhíchíl〉つまり、地域の人が大昔からその岩を呼ん
できたその言い方で、その名前を言ったのだった。

「〈ミカエルさまの岩〉に行くんだとサ」とでも。そこ
で疑うのが仕事、の審査官氏も、場所と動機を一挙に
ナットクして「あぁ、あそこか、アメリカ人と日本人
の好きな〈スター・ウオーズ〉だナ‼」ちょっと違う
んだけど、ま、通してくれればそれでいいか…。

〈ミカエルさまの岩〉を英語（?）でしか言えなかっ
た観光客は、入国審査でモタついただけですんだが、
逆に自分の名前を英語で言わなかったために命を落し
た少年の話は、酷い。
　コーク（アイルランド南部の県）に住む17歳の少年ミ
ホールは、名前を訊かれて英語名のマイケルではなく
ミホールと言ったと責められ、英国警察特殊部隊になぶり殺しにされた。ケン・ローチ監督の映画〈麦の穂
を揺らす風〉の冒頭のエピソードである。ミホールの
通夜で老女が歌う哀悼歌「麦の穂を揺らす風」はあま
りにも美しく哀しい。ミホールの死は、ハーリングの
仲間たちの、独立の闘いにおける死、さらに悲劇的な、
内戦での仲間同士の対立による死につながってゆく。

　大天使ミカエル（ヘブライ語 Mikha'el）の名にあやか
って、キリスト教国では男の子によくこの名をつけ
る。英語では Michael マイケルだが、アイルランド語

では Micheál ミホ（オ）ールとか Míchil ミヒルとなる（地域によって綴りも発音も少しずつ違う。「ミホールの」と言うためには m の後に h が入ってミ→ヴィと発音が変わる。ややこしい）。フランスでは Michel ミシェル、ドイツでは Michael と英語と同じ綴りだが発音はミヒャエル、ロシアでは Mikhail ミハイル。

　フランスの世界遺産〈モン・サン・ミシェル〉を、英国人は何と呼ぶか？　〈Mt. St. Michael（マウント・セイント・マイケル）〉？　まさか!!　それこそ「何だ、ソレ？」だ。　おそらくフランス語綴り〈Mont-Saint-Michel〉のままの表記で、わたしたち日本人のカタカナ語とおなじように（でも、レストラン restaurant を「レストラーント」と発音するようなやや英語ふうアクセントで）「モン・サン・ミシェール」と呼んでいるに違いない。同じ語源をもつ名前でも、土地によって違うふうに綴られ、呼ばれているならば、その土地で呼ばれている名に従えばいいのだ。

　なぜ英語名はアイルランド名を駆逐するか？　それは英国が、アイルランドを支配していることの象徴的な指標としてそうしてきたからだ（日本も、海峡を隔てたすぐ隣の国に同じことを強いた時代があった、恥ずべきことだ！　支配国のやることはどこも同じだ）。

ショーン・コネリー Seán Connery は、John と名乗れと強制されたら迷わず相手にパンチを食らわせるだろう、たとえブラック・アンド・タンズが相手であっても。なにしろジェイムス・ボンドなのだ（役のうえでは英国人で、シェーマス Séamas ではなくジェイムズ James というほとんど彼の本名より有名になってしまった名前は受け入れるとしても、だ…実は自分をスターダムに押し上げてくれたこの役、彼は気にくわなかったらしい…）。ショーン・コネリーはアイルランド人ではなく同じケルト系のスコットランド人だが、同じこと、イングランドの優位、アングロ・サクソンの横暴が許せないのだ。

　ショーン・オフェイロン Seán O'Faolain は、1900年コーク生まれの作家。英国の植民地としてのアイルランド国家警察の警察官を父にもつジョン少年は、大英帝国の文化に浸って成長した。16歳のときダブリンで、独立を目指すイースター蜂起（直ちに、無惨に、潰された）が起こり、大きなショックを受け、アイルランド人としての自覚が目覚めた。18歳で英国綴りの名前 John Whelan を自らアイルランド綴り Seán O'Faolain に変え、アイルランド義勇軍にとびこむ。父親の職業のおかげか、幸運の女神がついていたのか、ブラック・アンド・タンズに理不尽な誰何<ruby>誰何<rt>すいか</rt></ruby>は受けなか

ったようだが、受けていればジョンと名乗らず、ショーンだと言い張って、ミホールのように若い命を落したかもしれない。

しかし結局彼は、「闘う人」より「見る／書く人」となることを選んだ。映画の中の同郷の若者たちのように、あたら若い命を散らすことなく、内戦の終焉、祖国の独立も見届けた。だがアイルランドの（彼に言わせれば）いかんともしがたい偏狭な宗教性、独特の頑固な島国文化を（おそらく愛しながら）嘆き、「ゲール語を話す貧しいアイルランド」より「英語を話す豊かなアイルランド」を目指して、ゲール語復活の運動にも反対した。故郷の人々について、「妖精がいるって本気で信じているの？」と訊かれたコークの老婆が「信じちゃいないが、妖精はいるのさ」と答えた、と述べる彼の口調は苦々しい。胸中には、この頑迷固陋なアイルランド精神に対する愛憎半ばする思いがあったのだろう。

46歳で、狭量な（と彼が批判する）アイルランド・カトリックからローマ・カトリックに改宗した。だがSeán O'Faolain に変えた自らの名前を、John Whelan に戻すことはなかったようである。

さて、わたしたちをアイルランドの旅に誘（いざな）った紀行

文学『アラン島』の著者シング John M. Synge だが、1871 年生まれのこちらのジョンは、ダブリンの裕福なアングロ・アイリッシュの家庭に生まれた。アイルランドにおける英国文化の牙城 (?!) ダブリンのトリニティ・カレッジを終えると、小さな生国を飛び出して、世紀末文化百花繚乱の大陸をあちこち放浪。詩を書いたり音楽をやったり。だが、人生如何に生くべきか…を、見出せぬまま、結局、パリで遇った同郷の先輩詩人イェーツ William Butler Yeats の勧めに従って、生国アイルランドに帰り、西のコナハト州の小さな島、アランにやってきた。

　アラン諸島、とりわけまん中のイニッシュ・マーンの虜になって、5 つの夏をここで過ごした。アイルランド（ゲール）文化復興の大望をもっていたイェーツが彼に勧めたのは、いまだ文明に毒されていない島に伝わる伝説や風習、言語表現を収集すること。しかしシングは、文化復興運動の資料として「原始的な」生活を観察するというより、ずっと深く、イニッシュ・マーンに魅入られてしまった。自分は島の生活の傍観者、島びとにとっては友だちというよりはあくまでひとりの客人、と自覚したうえでの、彼らへの大きな親しみと敬意が、紀行文全体から感じられる。

　島びとたちが、滞納している税金を取り立てに来る

本土からの役人を相手にくり広げる勝ち目のないバト
ル、借金のかたに連れ去られる運命の豚たちのうちの
勇敢な２匹が逃げ出すと、島じゅう総出、大喜びでは
やし立てる、役人は汗だく、埃まみれで豚と格闘、別
の役人たちは、島の奥に隠されてしまった牝牛や羊を
苦労して探し出して船着場まで連れてくるが、結局、
わざわざ連れ帰っても売れないだろうやせこけた家畜
は持ち主に返されることになる。

　追い立てを食らい、炉端から引き剥がされた老女が、
締め切られた戸口の外にうずくまる。別の老女は、執
行吏の役目をかってでた自分の息子に向かって島のこ
とばで凄まじい呪詛のことばを投げつける。

　そうしたすべての光景の、おかしさと、惨めさと、
哀しさを、シングは淡々と記述する。アングロ・アイ
リッシュの末裔である自分が、この国を長い世紀にわ
たり搾取してきた（現にしている）階級に属する人間だ
という罪または恥の意識は、置き去りにされているわけ
ではない。島にやって来る警官隊を見たときに「ず
きんと胸がうずいた」のひとことでそれが知れる。つ
まり、島の生活者でないとはいえ、彼は炉端から追い
たてられる税金滞納者の側にいて、一部始終を見聞き
し記録するのだ。

　濡れた岩場を疲れ知らずに軽々と歩き回り、その動

きを可能にするサンダル様の履き物を作り、家を修理し、屋根を葺き替え、海草を焼き、土を作ってジャガイモを育て、家畜を飼い、何より、小さな手漕ぎ舟で海に漕ぎ出して漁をする、そうした島の人びとの日常をこまごまと書きとめる。その動機は、島びとに対してシングが抱く敬意、苛酷な自然を前にした人間のちっぽけさと途方もない勁さ、やしさと狡さ、他愛なさとしたたかさ、それらを一身に備えた島びとへの、深い敬意だ。

　島での出来事を記録し、島びとたちが話すことばを（採取するというよりは学ぶために）ノートを取るときシングを突き動かすのは、イェーツのように、保護しなければ、とか、オフェイロンのように、そこから脱け出させねば、という意識ではない。自分は文明において進化した人間である、というよりは、生きる能力においてはるかに彼らに劣る、むしろ退化した人間だと自覚していた。島で見聞きすること、島で学ぶことが、彼自身の喜びだった。だからこそ何度も島に通った。古いものの残る世界を新しくせねば、とは思わなかったし、失われたものを無理に復活させようという意図もなかった。アイルランドの端っこで、同時代を生きている彼らを記録しようとした。John という名

を Seán に変えようなどとは、たぶん思いつきもしなかった。彼にとってそんなことは意味がない。

　島で案内役をつとめてくれた青年宛のシングの手紙が残っているが、Dear Martin と英語名で呼びかけている。英語で書かれた手紙だから当然だが、同じ相手へのアイルランド語での手紙（青年はシングのアイルランド語の先生でもあった）にも A Mhartin dílis　と、名前の部分は英語綴りにアイルランド文法の規則を当てはめている。ところがシングが別の知り合いに宛てて書いた手紙（もちろん英語）の中でこの青年について書いたとき、Mourteen という綴りで書いているのは興味深い。英語話者である相手に読み取りが可能なように、本来のアイルランド名 Máirtín の発音（「モールティーン」と聞こえる）に忠実に綴ったのだろう。青年本人に呼びかけるときはアイルランド名を発音していたということだ。つまりシングにとってものを書くのは、自分にとっての母語である英語しかないが、人と接するときにはできるだけその人がふだん呼ばれている名前を尊重したのだ。

　ちなみにこの青年は紀行文のなかに Michael マイケルとして登場する。もちろん Mícheál ミホールではなく。

島に滞在中に起きた海での悲劇が後に1幕ものの劇作品となるが、アイルランドの劇作家としてシングの名を有名にしたこの作品「海に騎りゆく者たち」のなかで、舞台に登場はしないが、その海での死が最初から最後まで話題の中心であるいわば影の主人公の名前もマイケルである。彼がもし、イニッシュ・マーンで本当に生きていた人であったら、ミホールまたはミヒルと呼ばれていただろう。英語作家であるジョン・M・シングは、この小さな島ではどこの家でも経験している海での遭難を、文学史に残る悲劇に昇華させた。「マイケル」は海で死んだが、永遠の生命を得た。

　名前について、ケン・ローチのミホール、シングのマイケル──どちらを思い出すときも、胸のなかに痛みがある。
　それほど悲劇的ではないが、海のなかのミカエル様の岩を思い出すときにもほんのちょっぴり…

Baile Átha Cliath　　[bʼlʼaː ˈkʼlʼiːə]　**ダブリン**

　ダブリンでジェイムス・ジョイス詣でをする予定は
なかった。ところが、着いた翌朝、朝ごはんを食べよ
うとホテルの近辺を適当なカフェをさがしながら歩い
ていたとき（というのも、夜遅く着いて一夜の宿を求めたホ
テルは宿泊のみで、レストランがなかったからだが…）、偶然
にも出会ってしまった。ジョイスに。右手に持ったス
テッキに身をあずけて、不機嫌な表情で空を見上げて
いた。オヤ、こんなところに！　コノリー駅前からの
びるタルボット通り、ダブリンで最も治安が良くない
という界隈だが、そこをオコンネル通りに向かってた
らたら歩いていったところ。

　同じ日の午後、レストランも朝食もちゃんとついて
いるホテルに移ってから、歩いてアビー劇場を見に行
った。20 世紀初頭、ゲール文化復興運動のひとつの
拠点としてイェーツたちが創り、シングも参加して戯
曲を書き、舞台に乗せ、大騒ぎが起こった場所を（外
からなりと）見ておこうと。建物は火事にあって建て
直されたそうだが、場所は同じ。
　当時のダブリンの観衆は、「西の果て」の「罰当た
りな田舎者」のしゃべる「妙な英語」の舞台を見せら

れて、木戸銭を返せと怒り狂った。イェーツが弁護に大汗をかいた。演劇史上結構有名な事件だが、現場は地味で、「国立劇場」の偉容、雰囲気（期待していなかったが、というか、想像通りに、というか…）まったくなし。大通りに面した、ちょっと百貨店かと思う建物。ポスターがずらりとかかった壁面、その先が入り口。

　フーン…　と、ポスターを検分しながら歩いていたら、…ナヌ！　次週の出し物はジョイスの〈ユリシーズ〉だと！　へぇ?!　また予定にないジョイス…　入り口はついそこ、敷居は低くて（文字通り、段差なし）、安っぽいドア（ゴメンナサイ…この場合、威圧的な重厚さがなく、気安く足を踏み入れられる、という意味、だってパリのオペラ座、ミラノのスカラ座なんて、通りすがりに見学に寄ってみましたなんてのこのこ入ったら、制服の警備員につまみ出されるのがオチという偉容だからね…その点この劇場は庶民的、というか）、ちょっと押したら…ほらね、もう中に入ってしまった。劇場そのものの中に。え？　もうアビー劇場の中にいる。ちょ、ちょっと…観る気ないのに、行くんじゃないヨ、チケットカウンターに…（吸い寄せられる、軽薄 Nam さん、Ryo さんハラハラ…）いやいや、でも少し、話をきくだけでも…えーと、その、旅行中なので、〈ユリシーズ〉を観る予定はないのですが、その、どんなふうに舞台に乗せるのかと、ポスターを

見ていてちょっと興味を惹かれたものでね…ただ来週は北や西のほうに行くのでダブリンに戻るのは2週間後、だからどっちみち無理なんだけど…え？　なに？　それならまだやってる、ですって？　おや、それなら、えーと、ではチケット予約しておきますか、2枚、プリーズ。

　　――なんでこうなる？

　ダブリンは変な町で、妖精が人をたぶらかす。

　ジョイス。1904年、22歳でアイルランドを出奔した。5年後と8年後の一時的帰国のあと、再び故郷の土を踏むことはなかった。妖精や神様や神父や愛国者や親族のいるアイルランド、とりわけ自分がその郊外で生まれた首都のダブリンを嫌って、去った。小さい島から出て、大陸で、世界的な作家になると決めて。トリエステ、チューリヒ、パリ――大陸のあちこちに住んで、そこで死ぬまで、書いた。

　ジョイスは、出奔の2年前、ダブリンでイェーツに会った。世紀末の大陸を放浪し、詩人としての名声も得ていたイェーツは、その数年前にパリでシングに会い、故郷に帰るように勧めたが、彼自身もまた、ダブ

リンに帰ったのだ、生きて死ぬべき場はやはりアイルランド、と思い定めて（といってもやはり、生来の放浪癖、最期は南フランスのどこかでの客死だったそうだが…）。そして1902年のダブリン、イェーツとジョイスの初めての出会い。ロマン派の残照とモダニズムの暁光…いや、そんな単純なひとことでは片づけられないが。妖精の輪（リング）の中に戻ってきた37歳のイェーツへの、20歳、若きジョイスの仮借なき批判。

　さらに翌1903年、パリに留学したジョイスは、そこでシングに会った。花のパリ、去っては戻ってくるダブリナー・ミツバチたち。パリはサン・タンドレ・デ・ザール小路、ごった煮料理をつつきながら、シングのガーゴイル顔（ノートルダムの雨受け樋の怪物、とはなんという形容！）と文学論争。その思い出は、のちの世紀の文学の中に永遠に。

　そして翌年、「ハハキトクスグカエレチチ」に呼び戻され、祈ってほしいという臨終の母の願いを拒否したあげく、ジョイスはアイルランドを棄てる。ダブリンを蹴飛ばす。イェーツ肝いりのアビー劇場、柿落（こけら）としの年である。坊主の劇場（アビー）？　それがどうした？…スライゴーやコナハトの素朴な妖精たちは悲しげに見送り、ダブリンの妖精はにやりと嗤（わら）った（…かなぁ？　だいいち妖精に出身地なんてあるか?）。

大陸に腰をすえて、ジョイスが書いたのは、『ダブ
リンの人びと』（短編集、1914 刊）。『若き日の芸術家の
肖像』（ダブリンを出るまでの自伝的小説、1916 刊）。『ユリ
シーズ』（1904 年 6 月 16 日朝から翌未明までの、ダブリンの
1 日、1922 刊）。テーマと舞台はつねにダブリン。（ダブ
リンの妖精は、相手が嫌うほど悪乗りし、面白がって、執拗に
とり憑く…まさか?!）刊行の日付に注目してほしい。そ
れぞれの本は、第一次世界大戦勃発の年、復活祭蜂起
の年、アイルランド自由国成立から内戦にいたる年、
と、アイルランドがまさに燃え上がっているときに、
出版された。それぞれ、ロンドン、ニューヨーク、パ
リで（念願の国際的になった──実際には、ダブリンで出版を
拒否されたからだ、恨み深きダブリン）！

　ギリシア神話、ホメロスの『オデュッセイア』に呼
応する 20 世紀の『ユリシーズ』。神話の枠組みを踏ま
えた現代小説。登場人物（神々・英雄に対置するに現代の
卑小凡俗な人間たち）、時間の流れ（神話の 10 年に対してた
ったの 1 日）、意識の流れ（シュールリアリズム的自動筆記
の先取りか）、文体（古今の作家たちの目くるめくパロディ）、
叙述の形式（語り、対話、演劇、教義問答、独白、なんでも
あり）、主題（文学、芸術、宗教、神秘思想、経済、地理、歴

史、天文、もちろん政治と日常生活、そのすべてのテーマを
好色（エロティシズム）で色付け、無意味（ナンセンス）で味付け）——構想のすべての点
で文学史上の世界的「大事件」となり、パリで出版さ
れた（故国アイルランドでは、猥褻（ワイセツ）文学として税関で没収）。
この時点で、ジョイスはすでに世界的作家だった。

　主人公のふたり、ブルームとスティーヴンが、それ
ぞれに、ダブリンとその近郊を歩き回る設定の 1904
年 6 月 16 日は、のちに、毎年世界中からジョイスフ
ァンがダブリンに集まることになる「ブルームスデイ」
の原点となる。この日は、若きジョイスが、生涯の伴
侶・ノーラを初めてデートに誘い、ダブリン中をさま
よい歩いた日である（おお、褒（は）むべきかなダブリン！）

　同じ年の 10 月、そのノーラと共に、ジョイスはダ
ブリンを永遠に去った（ほんとうは 2 度か 3 度、短期間帰
っているが、まぁ、こう言ったほうが格好良いね）。

　戦争を避けて滞在していたチューリッヒからパリ
へ。挑戦はまだまだ続く。17 年間「進行中」の作品。
タイトルが明かされたのは刊行直前だった——『フィ
ネガンズ・ウェイク』（下敷きはアイルランドの古い戯れ歌、
屋根から落ちておっ死（ち）んだ大酒呑みの煉瓦職人フィネガンの通
夜、舞台はまたもダブリン（郊外）！　しかし時・所・言語・
人格・物語の筋・語り、すべてが枠を超え、古今東西、他に類

例をみない作品となった、いやはや、やり過ぎ…）(1939 刊パリ)。
そしてまた戦争、パリ陥落、また逃げる。南仏。チュ
ーリヒ。そこでピリオド（1941.1.13 没)。

　いまから思えば若死にと言える 58 歳。「アイルラン
ド人のなかのアイルランド人、（…）完璧なるダブリ
ナー」と、アイリッシュ・タイムズはその死を報じた
そうだ。ありゃまあ、せっかく逃げたのに…ダブリン
に「帰ってきた」ジョイスが不機嫌な面で天を仰いで
いるのも無理はない。

　ダブリンでの予定外の出会いから、ジョイスが蹴飛
ばした（?!）アビー劇場で〈ユリシーズ〉を鑑賞する
ことになったなりゆきを話したからには、もうひとつ
の出会いに触れずにこの項を終えることはできまい。

　それは初めてのアイルランドへの旅の折のこと。ま
だこの国に足も踏み入れていない、ダブリン行きの飛
行機に乗り継ぐパリの空港。ひとりの老人（と言って
は失礼かな、長身痩躯、足腰もしっかりしていたが、顔には深
いしわが刻まれていた）を見かけた。あ、ベケット、と
思った。すぐ、自分で打ち消した。…そんなわけないか、
サミュエル・ベケットは亡くなってもう 20 年以上に
なる。小さな飛行機でダブリンの空港に着いて、老人

は姿を消したが、「哲学者」とひそかに名づけたその
ひとは記憶に刻印された。

　ジョイスとベケット、このふたりのダブリナーズが
出会ったのも（イェーツとシングの場合と同じく）パリだ。
1928年、このとき46歳のジョイスは、22歳のベケッ
トに何を言ったか。故郷へ帰るな、と？　母語を棄て
ろ、と？　イェーツに会ったときのシングほど、ベケ
ットはすなおでなかったか？　知り合って数年間、20
代のベケットはパリ、ロンドン、ダブリンを行き来し
ながら、ジョイスの「進行中の作品」の筆記の手伝い
をしたり、神経科の治療に通ったり、作品を書いたり
していた。30歳になろうとする頃にロンドンで初め
ての長編小説『マーフィー』を書き上げる（1938年刊行、
ロンドン）。主人公マーフィー（ダブリン出身だがいまはロ
ンドンで暮らしている、ちょうど作者のように）は、自分が
死んだら遺体は（土葬ではなく）火葬にして、遺灰はダ
ブリンのアビー劇場のトイレに流してほしいと希望す
る。が、願い叶わず、彼の死後、それはロンドンの場
末の酒場でばらまかれ、夜明けに、床に散らばるごみ
芥とともに掃きだされることになる。マーフィーの奇
妙な願望と、身も蓋もない結末（いやこれだけではなく、
生前のマーフィーは、その生きざまと思考回路からしてすでに

十分奇妙なのだが…）、この処女長編のなかに、（師ジョイス同様）ダブリンに生まれ、ダブリンから逃げ続けた作家の、その後も含めてのすべてが、象徴的にすでに表現されているように思える。大きすぎるジョイスの影響と、それから逃げようとする抗いも、そこには含まれる。

　1940年復活祭、戦禍を避けてチューリヒへ亡命する直前の、ヴィシー近郊に滞在していたジョイスのもとを、パリにいたベケットが訪れたのが、ふたりの最後の別れとなった。大戦勃発時、ベケットはたまたまアイルランドに帰国していたが、戦争が始まったのを知るとすぐにパリにもどったのだ。ベケットの言――「平和なアイルランドより戦争状態のフランスのほうがまし」。せっかく故国アイルランドが戦争に参加しませんと中立を宣言しているのに、なんでわざわざ戦下の国に？とツッコミたくなる、21世紀の日本人。が、強情なサミュエル、たぶん周回遅れの寝ぼけた故郷には留まりたくなかったのだ。

　ジョイスがチューリヒで亡くなり、大戦がおわってから、ベケットはパリに居を定め、本格的にフランス語で書き始めた。パリで、長い時間を生きた。生きて、

書き続けた。伴侶も亡くして独りになり、パリの老人
ホームで終わりを迎える。1989 年。83 歳。

　2020 年、ひとりのフランス人女性が、ベケットの、
最期の日々を小説に書き、ゴンクール処女小説賞を取
る（*Le tiers temps*, Maylis Besserie, Gallimard）。老人ホームの
客観的記録と、入居老人（ベケット）の内的独白から
構成されている。独白を聞いて（読んで）いると、老
いたベケットが目の前にいるようで、ひきこまれる。
わたしたちの 2 度のアイルランドの旅が終わって 2 年
余り経っていた。

　独白を、少し聞いてみよう——ジョイス、大きな存
在、懐かしさと、苦悩、半世紀も昔の日々の回想。

「わたしはタイプする、彼〔ジョイス〕の、アイ・ル・ラ・
ン・ド・に満ち満ちた英語を。彼は吐き出す、1 ページ、
また 1 ページ、わ・れ・わ・れ・の・母・た・ち・の・アイルランドを。
〔…〕強い伝染力。ことばを介して伝染する病。わた
しは回復に長いことかかった。アイルランドから、ジ
ョイスから、メイ〔母親〕から。ジ・ョ・イ・ス・か・ら・、わ・が・
母・親・か・ら・、わ・が・母・語・か・ら・。回復できたのか？　わから
ない…」（強調引用者）。

著者も断っているが、これは伝記ではなく小説である。内的独白を綴るこれらのページをぜひ、本人に読ませたいものだ。キミ、ヒトをダシにして、処女作でゴンクールを獲ったネ、と、ノーベル文学賞受賞作家は唇の端でにやりとするだろうか。読んでいるうちに、この書き手は生身の若い女性ではなく、かのマーフィーの恋人のシーリアが語っているような気がしてきたことを白状しておく。

　圧倒的優位の存在に反抗のすべなく、もがくベケット。ジョイスは、英語を爆発させ、変成させ、癒着させ、解体し、他言語と混成する。故国から、母親の亡霊から、家族から、政治から、戦争から、あちこち逃げ回ったが、ジョイスの体内、頭のなかに、アイルランドが滾(たぎ)っていた。煮ても焼いても食えないダブリナーだった。ではベケットは？　彼は、母国・母語・そしてジョイスから逃れようと、フランスに居を定めフランス語で書くことを選んだ。だがしだいに、空白を書くことになる。無・国籍、無・人格、無・意味になってゆく主人公たち。肉体も感覚も喪われ、おしゃべりだけが残る。

　〈第三の時〉Le tiers temps というのは実在の老人ホームの名だ（に

の小説のタイトルでもある）が、ベケットにとって特別な意味のある名づけに思える。第一の時、英語を話していた。第二の時、フランス語を話していた。そして第三の時、なにも言わなくなった。しかし、なにも言わなくなったベケット氏の内部では、まだ思考は続いている（小説の著者によれば）。

　ベケットの声なき独白——乳母は、泣き叫ぶ子を眠らせるのに、アイルランドのことばで子守唄をうたってくれたっけ…

<small>s e o t h i n   a   l e a n b h   i s   c o d a i l   g o   f o i l l</small>
おやすみ よい子よ しずかにおねむり
<small>a r   m h u l l a c h   a n   t i   t a   s i o d h a   g e a l a</small>
おやねの上には 白い妖精がいるよ…

（ほらね、やっぱりアイルランド、と読者の独語、フランス語の下には英語、英語の下にはアイルランド語の地層がある…寝ない子は、妖精の国に連れて行かれる、幼いサムはこわかったんだね…）

　でもいま子守唄は、近づく「夜」に、永遠の夜に、勝てない。ではどうする？　叫べ、サム、何語だってかまわない、叫べ、警告するんだ、妖精<small>（バンシー）</small>のように！死が迫っている！　と。

　独白の最後（本の終わり）は、「まだできるなら」<small>（si tu le peux encore）</small>（フ

ランス語）。彼は叫んだろうか？　叫んだだろう。もっ
ともその最期の叫びは、どこの国のでもないことば、
だれの耳にも届かない叫びだったに違いない。

　…だが、マーフィーのことば（叫び）は、シーリア
には聞こえた。だから、この本が書けた。

　小さいフォリオ叢書の表紙から老いたベケットがこ
ちらを見ている。
　深いしわ、灰色の瞳。
　パリの空港で見かけて「哲学者」と名づけた、やは
りあの人の目だ！
　サミュエル・ベケット。パリで死んだあともときど
き、生前は自分に禁じていたダブリンへの里帰りをす
るとみえる。

　ダブリンは変な町だ。死者がそのあたりをうろつく。
人びとはそれを知っていても、当たり前だと思ってい
る（…のだろう）、まったく問題なし、と。

Dún na nGall　　[du:n na ŋa:l]
ドネゴール（ヴァイキングの砦）

　アイルランドの旅行ガイドブックは、アイルランド
を四分する、昔の州ごとのガイドになっている。首都
のダブリンを擁する東のレンスター、コークを中心と
する南のマンスター、ゴールウェイが中心の西部のコ
ナハト、大都市ベルファストを擁する北のアルスター
である。北のアルスターの大部分は、1921年の南北
分割のとき英国領として残ったから、ここはアイルラ
ンド島ではあるが国としてはアイルランドではない。
あくまでも英国領北アイルランドである。英国が、12
世紀以来自国の属領であったアイルランドの、なかで
も最良の部分、北アイルランドは絶対に手放さん、と
ムキになった？　あるいは、北部6県プロテスタント
の住民たちが、栄えある大英帝国の一部という地位は
絶対譲れん、「遅れた・貧しい・カトリックの・南の」
アイルランドとは一緒にならん、とムキになった？
いずれにしろ、アルスター（の大部分）が「英国領北
アイルランド」となって1世紀経つが、観光的にはア
イルランド島はひとつであるらしい。

　ドネゴールは、旧アルスター州の9県のひとつだ

ったが、「英国領北アイルランド」にとどまった6県のうちには入っていなかった。独立にくみした（？）アルスター3県のうち、モナハンとキャヴァンがもともとレンスターとの州境の県で、地勢的にもすんなりと南の「アイルランド共和国」に吸収されたのに対し、アルスター州の北西の端、大西洋に向かって長い海岸線をもつドネゴール県は、以後、東側の、州境でさえなかった県境が、長い国境線となり、南の共和国、コナハト州ティペラリー県とほんの数十キロ県境を接しているおかげで、アイルランド島内で飛び地となるのをからくも免れた格好になった。

　北からヴァイキングがやって来て上陸した古い時代を示す名前。ヨーロッパのなかでも最後まで氷河が残っていた地域。そのかみのゲールの族長たちが去って以来、この最果てのだだっ広い県にはプロテスタント植民者もやって来ず、アルスターの他の地域の繁栄からは無縁。大西洋に面した地域や沿岸の島々には、いまだゲールのことばと文化がほそぼそと生き残る。

　それゆえにか、ドネゴールという名はなぜか哀しみをかきたてる。

海から帰らなかったマイケル（シング「海に騎りゆく者たち」）は、ドネゴールの浜辺に引き上げられ、遺骸は手厚く葬られる。西の果てから北の果てへ…語られるだけのマイケルの死。「ドネゴールは遠いところだって聞いたよ」と、妹のノーラは言う。はるばる届けられた、死者が身につけていた靴下の編み目を調べて、兄のために自分が編んだものだと悲しい確認をするのだ。姉のキャスリーンは言う、「ああ、ノーラ、兄さんが北の遠い海まで流されていって、悼んでくれたのは波の上を舞う黒い海鳥だけだったなんて思うと、ほんとに辛いね」。ドネゴールは北の果てのさびしいところ（西の端、イニッシュ・マーンだってそれに劣らずさびしいところだけれど…）。だが母親のモーリアは、静かに言う。「神様のお慈悲で、マイケルは遠い北の国で新しい墓に葬ってもらった。（…）これ以上何を望むことがあるかい？」

　独立戦争から内戦にいたる数年間の、南部マンスター州・コークの若者たちを描いた映画〈麦の穂を揺らす風〉。草原でハーリングに興じていた若者たちのひとり、ミホールが、自分の名前をマイケルと英国風に名乗らなかったというだけの理由で英国警察特殊部隊ブラック・アンド・タンズになぶり殺しにされたあと、仲間たちはハーリングの

82

スティックを銃に見立ててゲリラ戦の訓練を受け、本物の銃に持ち替えて、英国からの独立を目指して闘うアイルランド義勇軍に身を投じる。密告され捕えられた彼らを、見張りに立っていた若い英軍の兵士が、危険を冒してひそかに逃がす。父親がドネゴール出身で、自分にはアイルランドの血が流れている、と彼は囁く。言われたほうは一瞬きょとんとする——「どこだって？」「ドネゴール」…たぶんあまり聞いたことのない地名だったのだ。映画を作ったのは、英国人のケン・ローチである。彼は土地に境界線を見ない、権力を持つ者と持たない者の間に境界線を見る。兵士に、親の出身地を、だれでもすぐアイルランドとわかるダブリンではなく、アーマーでも、ベルファストでもなく、ドネゴールと言わせる。

　そう、ドネゴールは、アイルランドの人びとにとってさえ、遠いところのようだ。ヨーロッパの辺境のアイルランド、そのアイルランドの辺境、ドネゴール。地図で見ると、英国と同じ色の「北アイルランド」の北西の端っこに、南の共和国と首の皮一枚でつながっているのがわかる。南のケリー県で育った友人は、やはりドネゴールには行ったことがないと言い、役に立つようなことは何も教えてあげられない、と苦笑した。

ドネゴールに鉄道は通っていない。わたしたちはダブリンからスライゴーまで電車で行き、そこから路線バスでドネゴール・タウンに入った。エスケ河口の小さい湾に面した小さい町。町の中心の広場には大きなホテルがあり、バスはその前に止まる。公共交通のバス・エーランだけでなく、観光バスも止まっている（おお、観光客も来るんだ！）しかし賑わいはそのホテル辺りや、港まで続く短い通りのみやげ物の店、レストランやカフェだけ。広場をちょっと外れれば、もう何もない。…いや、あります。郵便局とか、小さいお城とか、崩れかけた修道院の廃墟とか、人の姿のあまりないだだっ広いスーパーマーケットとか…

　お城は、ゲールの族長ヒュー・オドネルの居城。16世紀末、オドネルは、隣のティローンの族長ヒュー・オニールと共に、ゲール社会の最後の砦（勇猛なりしふたりのヒュー…）としてイングランドと闘った、9年もの間。そして降伏。長い闘いで破壊された城に、オドネルは火をかけて退去したが、内部は修復されていまは観光客のための博物館。焼け残った部分には、黒く煤けた石の壁、せまいらせん階段、鉄格子のはまった小さい窓。人間がひとりやっと通れる広さ（せまさ?!)

は、大勢の敵が一度に押し寄せるのを防ぐための設計
であったという。息がつまる。

　河口に面して、おそらくお城より古い時代の修道
院。ゲール民族の年代記（神話に始まり、最後の族長ヒュ
ー・オニールの、異邦での死で終わる）がそこで編纂され
た…そうだが、いまは廃墟。遠足の生徒たちが弁当を
食べたり、かくれんぼをして遊んだりするのに恰好の
場。河口の対岸の遊歩道のベンチから眺めていると、
互いに呼び交わす彼らの高い声がきれぎれに聞こえて
くる。頭の上の樹の枝で鳥たちがさえずる。

　湾を巡るツアーがあって、小さい船着場からウォー
ターバスが出る。町でひとつの近代的なホテルの前に
止まっていた大きな観光バスが運んできたと思われる
（たぶん）アメリカ人の観光客の一団が桟橋に集まって
いて、小さな観光船に乗船中。あんな大きな人たちが
あんなにたくさん乗って大丈夫かな？（…大丈夫だった、
全部のみこまれたが、船は浮かんでいる）。河口の浅瀬には
アザラシが日光浴をしていて、観光客に手を振ってく
れるそうだ（ほんとかな？）

　小さい船着場の横にはやはり小さい観光案内所。わ
たしたちはそこに入って、適当なバスツアーを探す。
公共交通機関がないから、観光バスやマイカーではな

く、路線バスと自分の足でやって来た旅行者が地域を巡る手段は、地域のバスツアー。

　そうそう、名物のバスツアーの話をせねば…ダブリンから行った聖地タラとボイン河古戦場・巨石古墳ニューグレンジのツアー、グレンダロッホとキルケニーのツアー。どちらも超有名な遺跡。大きなバスに各国からの旅行者が満杯で、どちらのツアーガイドも、息もつがず（まるで舞台で台詞を語るように）アイルランドの歴史や文化や地勢や政治について滔々と解説してくれた。古い歴史と文化をもつこの国を誇りとし、それを外国の人たちに紹介する仕事に大きなやりがいを感じていて、エネルギーの最後の一滴まで話に注ぎ込んでいた。観光案内というよりは地理や歴史の講義か講演を聞いているようだった。

　キルケニーのビジターセンターで昼食をとったとき、たまたま近くにいたガイドさん（初老のおじさん）に、毎日ですかと訊いてみたら、とんでもない、と手を振って、好きだからやっているが、毎日なんてやったら死んじゃうよ、と。そうでしょうねぇ…。歴史ある町やお城や修道院のガイドもするから希望者はついてきてください、とバスを降りる前に言ってたが、わたしたちは「講義」から開放されて、お昼休み！　自由時

間だ‼　とばかり（まったく、70歳になっても講義をサボりたがる根性は直っていない…）勝手に町の中を歩き回り、途中でガイド付きグループと遭遇しそうになると横道に逸（そ）れた。アイルランドではめったにないという天気の良い暑い日で、さすがにヘタばり、集合時間より早めにビジターセンターにもどったら、ちょうどガイド氏も市中ガイドを終えてもどったところらしく、わたしたちの前を手すりにつかまってよたよた…という感じで、2階のカフェめざして階段を昇ってござった（こっちだって似たようなもの…）。声をかけるのはやめておいた。

　さて、このドネゴールでは…案内所の職員はふたりいてどちらもひまそうで（だってお客はわたしたちだけ）、興味深そうにわたしたちを眺める。こういう素朴な反応は首都ダブリンではお目にかかれない。観光客がどこから来ようが知ったことではないし、仕事に関係ない、第一忙しくていちいちかまっていられない。しかしここドネゴールではちがう。向こうから、興味津々といった感じで質問してくる。日本から来た、だって？日本人なんてめったに来ないよ（何でこんなとこまで来たのさ、と言わんばかり）！…悪かったね、とわたしたちは思う、日本人もなにも、そもそもこの案内所には

だれも来ないじゃない、なに人も。（観光バスのアメリカ人は見たけど、あの人たちは団体行動、案内所には来ないもんね…）ここで、その若い男女の職員以外の人間を見たのは、その前が集合場所だからやって来て、出発前にトイレを借りたツアーバスのドライバーだけだった。

　グレンヴェー国立公園とスリーヴ・リーグ、申し込んだツアーはいずれも、朝出て一日かけて広いドネゴールの内陸部や大西洋岸を走る。
　グレンヴェーツアーの朝。結構早い時間で、６月だというのに寒かった（アイルランドではこれが普通だ）。集合場所の観光案内所の前にはわたしたちふたりだけ。まもなく〈ドネゴール・ツアーズ〉と横腹に書いたレンガ色のマイクロバスがガタガタとやって来て案内所横で止まった。降りてきたドライバーがわたしたちを見て、聞く。
　──グレンヴェー・ツアー？
　──そうです。
　すると、
　──ユーアーラッキー、今日はふたりだ！
　──え？　…あ。
　小さいとはいえ 15、6 人は乗れるバスに、運転手と客ふたりって…まぁラッキーというか… これがダブ

リンとドネゴールの差か？　ちょっとくたびれたツイードの背広のドライバーはパーリック Pádraig 氏。ダブリンからのツアーのように大きなバスじゃないから、ガイドはなし。ドライバーがガイドも兼ね、ヘッドマイクでしゃべる（途中でそれも外してしまった）。

　ダブリンのツアーの滔滔たる（命がけの）語りを思い出す。パーリック氏は何を語ってくれるか？　聴衆がふたりでは、居眠りもできないし、小声でおしゃべりもできないなぁ…

　さて出発。まずレタケニー方面に向かう。通り過ぎる小さい村、ここの散髪屋は店を閉めた、ここにはパン屋があったが、もうやってない、ここのパブもだ、みんな寂れてしまった。若い者は大きな町に出て行って帰らない。この石碑は、17 世紀クロムウェルの議会軍と戦って敗れたカトリックの死者の記念碑。ひどいものだった、クロムウェルの虐殺は。ところであんたがた、トランプについてどう思う？

　ときは 2018 年、世界中の人間が唖然とするなかアメリカ大統領になったドナルド・トランプがアメリカ・ファーストを唱えて世界中をひっかきまわして 2 年目だった。バスツアーで政治家（それも海の向こうの国の頭

目のことだよ！）について質問されるとは思わなかった。さすがにここはアイルランドだ。それから4年経ったいま、パーリック氏はツアーバスの客に、プーチンについてどう思う？　って訊ねているだろうか？　こちらの問いのほうが切実だろう、この土地も、海峡を渡って攻めてきた隣の国に、ここは我が領土と宣言された痛みを知っているから。もうずっと昔のことではあるが、その痛みは21世紀にいたるまで続いているのだ。

　このツアーの最大の目的はもちろんグレンヴェー国立公園。パーリック氏のマイクロバスは、この「公園」には入らない。入り口のビジターセンターの駐車場にバスを止めて、2時間したらまたここに帰っておいで、あとは大西洋ロードのドライヴだ。公園の中心にあるグレンヴェー城まではもっと小さなシャトルバスで行く。マイカーで来た人たちも車を降りて、シャトルバスの乗客に。なんか急に人間臭くなる。着いた先のお城は大きくて美しい。オドネルの、半分焼けてしまった城とは大違い。だがその来歴はそもそも？

　——19世紀半ば、東部レンスターのレイシュ県からやってきたAdair…某、近辺の小さな小作地や保有

地を買い占め、244 もの家族を追い出してこのお城を
建てた、のだそうだ。やっぱり、東部アングロ・アイ
リッシュの地主と、追放される小作人という、まさに
アイルランド的物語。この「デリーヴェーの追放」で
悪名をはせた Ad…某亡きあと、城は IRA に占拠され
たり兵器庫として使われたり。その後ハーバードの教
授、アメリカ人の金持ちと持ち主が移り、最終的に国
の所有になり「国立公園」として整備された、のだそ
うだ。

　よく手入れされてきれいな花の咲き乱れるイギリス
式庭園。散歩道は庭園の外まで続いて湖の畔に出る。
背後の山を散策するルートもある。若い人たちが足ど
り軽く登ってゆく。わたしたちは湖畔をゆっくり歩く。
写真を撮る。ちょっとした戸惑い。ここはどこ？　わ
たしたちの見たかったのはこれ？　ここがドネゴール
でいちばんの見るべきもの？　この呼称、「国立公園」
に注意すべきだった。「カッコ」付きになった場所は
ようするに、人為的な境界によって囲い込まれ、保護
された「公園」なのだ。この一日のうちで「城」とそ
の近辺で過ごした 2 時間が不可思議に遊離している。
シャトルバスが再びわたしたちをパーリック氏のツア
ーに連れ戻す。お城の「外」に出てほっとする。ガイ

ドブックの第一にして唯一の押しは、「グレンヴェー国立公園とグレンヴェー城」だったのだが、わたしたちの関心は、どうやらアングロ・アイリッシュの美しい文化にはないようだ。

　さて、おんぼろバス（失礼！）にもどってガタガタ走り出す。

　パーリック氏の解説。

　──石だらけの円錐形の山、あれがデリーヴェーの山々（7つの峰をもつ）のなかでいちばん高い、エリガル。デリーヴェーのデリーは、「樫の木（doire）」の意味、隣の県（カウンティ）の名と同じ。「デリー／ロンドンデリー」になっているのはなぜかって？　英国（GB）からの殖民者たちが祖国の威光を名前にくっつけたかったんだろ…わたしらにとっては今でも、ただの「デリー」だけどね。ヴェーは「命（beatha）」。だからデリーヴェーは「命の樫の木」。樹木は聖なるものと、昔のひとは思っていたんだ。グレンは「谷（gleann）」、「グレンヴェー」は、デリーヴェーの山々を分ける谷、という意味だね。

　泥炭地（ボッグ）、切り出した泥炭（ターフ）を干している。泥炭は「掘る dig」ではなくて「切る cut」と言うんだ。

　分かれ道、ここで村を出るものと残る者が別れを言いあった。これより遠くへは行けないというところま

で送ってついて行った。もう二度と会えないと、どっちもがわかっていたからね。

　広々とした谷、ここはポイズン・ヴァレイ（毒の谷）って呼ばれている。放牧していた動物が、羊ややぎ、牛なんかが死んだ。生えている草に毒があったか、英国人の謀略か、真相はわかってない。

　谷の底にある湖、傍に教会、屋根が落ちて切妻と壁だけが残っている。住人がいなくなって、廃墟になってしまった。

　山を抜け大西洋岸に向かう道をガタガタ走る。走行距離 43 万キロ超え（Ryo が気づいて Nam に目顔で教える、おやおやよく走ったこと！）のマイクロバス。

　グウィードーア、だだっ広い草原に、海に向かってポツリと、英語・アイルランド語で書かれた説明板。パーリック氏の読んでくれるアイルランド語を録音したが、あとで聞いてみたら、声がひっきりなしの風の音に散らされて切れ切れになっていた。

　グウィーは「風」、ドーアは「悪い」、この岸辺は辛いものを見てきた、とりわけ飢饉の時代には。

　低い石垣で囲まれた海辺の家々（〈Teaċ Muiris〉と、旧いゲール語表記の看板がある）、この辺り独特の風景だ。

強い風に、痩せた土壌の土がもっていかれるのを少しでも防ごうと、石を積む。（ここだけじゃない、西のコナハトの小さい島でも同じ風景が見られる、と、わたしたちはイニッシュ・マーンの家々を思い出す…）

　青い大西洋に浮かぶ島、あれがボーフィン島。キングスレイ・ポーターがあそこで姿を消した、理由も行方もわかってない。（誰さ、キングナントカさんって？　あ、そうか、グレンヴェーのお城の何代目かの持ち主のハーバードの教授のミステリー！）

　あっちはトーリー島、画家（アーティスト）の島。島は小さいがひとつの「国」と自認していて、王様（キング）を選ぶ。もちろん大真面目さ。フェリーで行き来するが、トーリーの住民が本島に来るときには、「アイルランドに行く」と言うそうだ、ほとんどアメリカに行く、と言うのと同じなんだよ。昔はこの海岸に散らばる島でみんなそんなことを言ってたが、もういまではトーリーだけ。しかしね、あんなに近くに見えているのに、帰りに海が荒れると、ちょっと買い物に来ても、2、3日足止めを喰うことがある。

　さて、海から隆起した長い崖、あそこはブラッディ・フォアランド（血潮岬）と呼ばれている。西から夕日が射すと、崖全体が真っ赤に染まるんだよ…。

帰路のトイレ休憩。バスが止まったところにあるパ
ブリック・コンビニエンスのほうに行きかけたわたし
たちにパーリック氏は、そっちじゃない、あっち、と
道の反対側を指した。小さいホテルだった。待ってい
るから、ゆっくりアイスクリームでも食べておいで。
わたしたちを小娘とでも思っているか（聞いて驚くな、
70も歳を重ねた小婆だ）！　いや、観光ツアーにはこう
した休憩がちゃんと組んであるのです。参加人員２人
とはいえ、これもれっきとした観光ツアーだからね。

　ホテルのラウンジには、夏だというのに暖炉にター
フの火が燃えている（これがアイルランドです）。人は誰
もいない。せっかくだからアイスクリームを食べるか、
と思ったのに…。ゆっくり化粧室を使って、やっと来
たボーイさんにアイスクリームを頼んで。運ばれてき
てそれぞれの前に置かれたアイスクリームの巨大さに
顔を見合わせて…　ひとつひとつがそれだけで十分、
という大きさのバニラアイス・イチゴアイス・チョコ
アイスの三つがのった大きな皿！　スープを飲むため
のような大きな銀のスプーン。ジャイアンツ・コーズ
ウェイで有名なアルスターだからってなにもこんなジ
ャンボ・サイズでなくてもいいのに…そもそもパーリ

ックさんがアイスクリームなんて言うからこんなこと
に…ひと皿をもって行くから何か容器に入れてほしい
と頼んでおいて（それを理解してもらうのにえらい苦労も
して）、ひとり分をふたりで無理やり食べて…（だって
急がないと、もって行く分が溶けてしまう…ドライアイスを入
れて、なんて頼むだけ無駄だろうし…）いったん退場して、
これまた大きな紙の箱に入って再び登場したひとり分
のアイスクリームにびっくりしつつ、ひとりは箱を捧
げ、ひとりは厨房にまで出張ってやっと獲得したプラ
スティックのスプーン（だってわたしたちが食べるのに出
てきた銀のスープスプーン、もってくるわけにはいかないから
ね…）を握って、バスまでもどる。パーリックさんは
運転席で、頭の後ろで両手を組んで、CD を聴いてい
た。

　アイスクリーム！　はいはい、早く食べて、溶けち
ゃうから、早く‼　パーリックさんはニコリともせず
Oh, this is not ordinary…（コレ、どう訳せば？）と呟い
て、それでもわたしたちがふたりで往生した分量を（少
し溶けかけてはいたが）あっという間に平らげる。あー、
よかった、休憩で疲れる。彼がどう思ったか知らない
が、食べきれなかったから、とは言わないでおく、ち
ょっぴり胸をいためつつ。

レタケニーを経由した帰りのドライヴでは、当然のことながら観光案内はなく（往路のも果たしてあれは観光案内といえるのかどうかは別に検討するとして）、パーリックさんは家庭のこと、娘さんのことを話し始めた。往路はカメラを構えて撮影に忙しく、パーリックさんとの会話にはあまり参加しなかった Ryo が、カメラをしまってパーリックさんの相手をしてくれてホッとして、半分ウツラウツラしながらバスの振動に身を任せる Nam。娘さんは家を建てたが（どこの町かは聞きもらした）、家の外壁を塗るのに好みの色は使えず、町全体あるいは近隣の家々との調和を考えたうえで…云々…垣根は作っちゃいかんとか、屋根の高さはこれこれとか…それで娘は〇〇の町で教師をしているが…「何の先生？」と Ryo の質問…ん？　…zzz…この辺りで Nam さん退場。

　夏至が近く、日が落ちるまでにはまだ時間があるものの、ドネゴール・タウンに帰り着いたのはもうしっかり夕方だった。パーリックさんはツアーの発着場の観光案内所前ではなく、わたしたちの宿の前にバスを着けてくれた。大あわてでアイスクリームを食べさせられたときに聴いていた CD を記念にくれた。誰でもが知っている歌をゲール語で歌った CD だった。

わたしたちにとってドネゴール、わけてもグレンヴェー・ツアーの思い出は、美しいお城ではなく、ガイドのパーリック氏の、滔々というよりは訥々とした語り、風に吹かれて切れ切れの声と、その顔に浮かぶ少し寂しい表情である。

farraige [farəgʹə] 海

　船の客は 10 人、乗組員がふたり。甲板に固定され
たベンチに 5 人ずつ背中合わせに坐る。ゴムのカッパ
(?!) が手渡される。要するに四角い分厚いゴム引きの
シート、ひとつの角に、三角形の、頭を入れる部分が
ある。先に席についている左舷側の 5 人の後姿をこち
らの右舷側から見ると、まさに中世の修道僧が背中を
真っ直ぐに立てて 5 人並んでいるようだ、見事に不動
で。中世の修道僧に会ったことはないけれど。右舷側
の 5 人もそれぞれカッパを抱えて席につくが、こちら
は凸凹、まん中の Nam の左側は若いカップル、右は
大きな男ふたり（タテヨコともに、小さい日本人の 2 倍はあ
りそう！）、皆、なぜか申し合わせたようにゴムシート
の三角に頭を突っこまず、席に坐ってから優雅にひざ
にかけた。もっともみんな、それぞれ自前のレインコー
トに身を包んではいる。

　港内から海に出ると、とたんにうねりがくる。

　6 年前、アラン島から、出発地のゴールウェイにも
どらず、クレア県のドゥーランに渡った。モハーの
崖といわれる 200 メートルの断崖が海に切れ落ちて

いる、その断崖を海から眺めながら近づいてゆく航路（Ryo によればその昔、聖ブランダンは手漕ぎの舟、カラッハでこのような崖を目指したそうだ）。そのときも海は荒れていて（いや、聖ブランダンの昔ではなく、6 年前の話だが、アイルランドの海が荒れていないときがそもそもあるのか？）、アラン三島のいちばん東のイニッシュ・イアを過ぎると、島と本島との間の瀬戸となり、大西洋からの風と波がもろに船を弄んだ。このときの船は観光用の小さいボートではなく島と本島間を往復する定期船で、乗客乗員（たぶん数十人）と荷も積んでいた。それでも荒い波に翻弄される具合は、海に落ちた小さい木の葉一枚と変わりない。ドゥーランに着くまでの小半時、甲板の手すりにしがみついて、水平線が上がったり下がったり傾いだりするのを眺め、進行方向に次第に大きくせり上がってくるモハーの崖の不思議な緑色を、走る船が上げる猛烈な波しぶきの向こうに眺め、あげくのはてに胃袋が口の中までせり上がってくるのを感じて、船の出港がかなり遅れたおかげで昼食をすっかり消化してしまう時間があったのを聖ブランダンに感謝しつつ生唾をのみこんだ。船が港に入ると、船室のベンチの中央にどっしりと構えていた Ryo（船酔いしない秘訣は、船の重心辺りに坐って、前後左右の揺れに逆らわずに身を任せることだそうだ）がおもむろに外へ出てきたが、

まだ手すりにしがみついたままの Nam——潮と風に
髪は逆立ち目はうるみ波しぶきを浴びて上から下まで
ほぼずぶ濡れ、歯をガチガチ——を見て、あきれたと
いった顔をした。

　あのドゥーラン航路の船よりももっと小さい、前に
ふたりの乗員がいる箱みたいな操舵室があるだけで、
船室もなくしがみつく柱も手すりもない、甲板に固定
されたベンチが2列あるだけのボート。それでもミカ
エルさまの岩に向かったそのかみの修道士たちや、ア
ランの漁師たちが操っていたカラッハにくらべれば…
（て、くらべるなョ、あちらは命のかかった営み、こちらは観光、
忘れてはいけない、自分の立場！）
　ちなみに言えば、海中の岩礁を目指したこのとき、
Ryo と Nam は別行動、Ryo は岩礁のてっぺんにある
Beehive
蜂の巣と称される石積みの修道院まで石の段を登るべ
く、2時間前に出た船で先行している、Nam の乗る
この船は上陸はなし、ミカエルさまの岩をぐるりと巡
り、頂上の修道院を海から拝観して帰ってくる。

　ミカエルさまの岩詣での船が悪天候のため出港取り
止めとなり、翌日の可能性を期待して滞在を延ばした
夜、わたしたちは宿の B&B の女主人メアリと共に、

上陸するか否かを検討した。石庵のある頂上まで上るのはかなりキツい、とメアリ、でもてっぺんまで行けなくても途中でもどってもいいし、迎えの船が来るまで下で待っている人もいる。ただ上陸したら、戻るまでトイレには行けない、それがちょっとツラいかもね。そのひとことで Nam は上陸を諦める。70 年、油もささずネジもとり換えずよく働いてくれた股関節にガタがきて平地でも長歩きはキツい、手すりも柵も一切なしの急で不安定な 600 段の石段上り（しかも当然ながら上がったら下りないといけない）にはそれだけでも自信がなかったところへ、6 時間トイレなしの情報は決定的な一撃。しかし Ryo には、はるばるアイルランドに来た目的のひとつ（第一は、イニッシュ・マーン再訪ですが、もちろん）、入国審査でも申告したその目的地までやって来て、上陸しない、5 世紀の修道院の遺跡を見ない、なんていう選択肢はない。そうね、わたしなら、とメアリ、上まで行くかどうかはともかく、上陸の船に乗る、だって周回の船は、港を出てから帰ってくるまで 3 時間、ずっと波の上だよ、凪のときならまあいいけど、今日の明日じゃ船は出たとしても波は荒いからね、とにかく上陸したら動かない地面に足をつけて 2 時間休めるもの…ええ、行ったことあるかって？　若いとき一度だけね、もちろん上まで上ったけど結構キツか

った、一度行けばたくさんよ。

　そういうわけで、いまこのとき、Nam は石段上り
を回避した他の 9 名の日和見主義者とともに船出し
た。

　乗員ふくめて 12 人が乗ったボートの大きさ（小さ
さ！）は、ドゥーラン行きの船の比ではない。たぶん
波もこの日のほうが荒かった。山の頂にもち上げられ、
谷の底に急降下。ローリングして、右舷左舷が交互に
頭上にくる。天国に向かって持上げられ、地獄に向か
って突き落とされる。どっちにしても生きた心地はし
ない。膝にかけたゴムシートなんてなんの役にも立た
ない。波は上から、横から、前から、下からもくる。
濡れるのを気にしている暇はない。とりわけ自分の向
いている右舷の側が下になったとき、ベンチから放り
出されて海にとびこまないように、ベンチの板をつか
んでいるのに精一杯。ひときわ大きなローリングでグ
ワンと前のめりになったとき、後ろから引っ張られる
のを感じ、なにかと思ったら、右隣に坐った大きなア
メリカ人が後ろに長い手を回し、ベンチの背板と、背
負ったままの Nam のリュックを一緒につかんでくれ
ていた、短い足が床をしっかりと踏ん張れない小さい

日本人が波にさらわれたらたいへんだ、とばかり。おお、ありがとう、おかげさまで！　と、どなってみたけど、聞こえたかな？　左隣のカップルの華奢な女性は、最初のひと揺れ、ふた揺れで、胃の中の朝食を床にぶちまけたが、それもすぐに波がきれいにさらってゆく。恋人が一心に介抱している…のを眺めている余裕はない。次はどーんと後ろに圧しつけられて、船の右舷は目の上にせり上がり、その上に波が壁のように起ち上がる。黒い波。空がほとんど見えなくなる。なにか音がしていただろうか？　耳を聾する音がしていて、ものを言っても自分の声が聞こえない、という感覚があったが、あれは？　波の音？　風の音？　船のエンジンの音？　波は黒くて鋼鉄のよう。落ちてもその上に乗っかって、滑っていくような気がする。

　シングは、3人の漕ぎ手が一列に並んで漕ぐカラッハの、船首にもぐりこむような姿勢で乗って海に出たときの様子を、紀行文『アラン島』次のように書いている。
　──「ある瞬間には、波のうねりの底に落ち込み、緑の波が逆巻いて、わが頭上にアーチを描く、かと思うと次の瞬間、空中に放り出され、まるではしごに腰かけているように、漕ぎ手たちの頭を見下ろす具合に

なる」。

　彼はときおり、イニッシュ・マーンの島びとのカラッハに乗せてもらって隣のイニッシュ・モアや東隣りのイニッシュ・イアに出かけた。3〜5人乗りの手漕ぎの小さな舟。波に弄ばれ、まるで宙を飛ぶようなその乗り心地を楽しみ、島びとの舟を操る巧みさに感心し、とりわけ、海が荒れているときに船着場に無事に舟を上げるため、タイミングを計りながら待つ漕ぎ手たちの忍耐強さと、一瞬の好機を逃さない思い切りの良さに舌を巻いている。

　勇敢で巧みな島の男たちだが、稼ぎ手が漁に出て戻らない悲劇は島のどの家も経験しているし、島に急病人が出て大きな島へ医者を迎えに行き（なんなら僧侶も一緒に乗せて）戻る海路でカラッハが転覆、病人は生きているのに、屈強な男たちと医者と僧侶があっけなく死んでしまったりすることもある。そうかと思えば、隣の島のパブでしこたま飲んで、ご機嫌で自分の島に帰る途中で自分が海に飲まれる島びとも少なくなかったようだ。

　ケリー州アイヴァラ半島の沖10キロメートルの海中から顔を出している岩のひとつに、海鳥と共に巣を

営んで（…いや、石を積んで庵として）修行した中世の修行僧たちのカラッハは、シングの乗ったものよりもおそらくもっと粗末なものだっただろう。命の糧を求めて本島に渡り、仲間のもとへ戻る途中、海に沈んだ僧たちもいただろう。彼らはこの大西洋に浮かぶ岩に棲む孤独と、容赦ない風と波をも神からの試練と受容したのか。恐怖はなかったのか。なんのため、だれのために、などと疑問は抱かなかったのか。

　黒い波に漂う海鳥も黒い。空に舞っているのを見上げ、逆光のせいで黒く見えると思っていたら、波間に下りてきたのを見ても黒い。ウミガラス。ウミウ。遠い北の海に流されるマイケルに哀悼を叫んでやったのは、彼らの一族か。
　岩礁に近づくにつれて白い鳥も。おなじみのカモメ、赤いくちばしが独特のパフィンたち。彼らは小さいほうの岩を占領して修行を、いや子育てをしている。落したフンが乾いて、岩が砂糖でアイシングしたケーキのように白くなっている。夥しい数の鳥たち。

　ぐるりとミカエルさまの岩をめぐり、船足を止めて、しばらく波間で上下に揺られながら、この奇妙な岩や鳥や、石の階段を列になってよじ登る人間たちを眺め

106

た後、船は帰路につく。不思議なことに帰りは往路より揺れない。波も風も穏やかになっていて、ベンチはほぼ水平のままである。順調、順調とお隣さんが言う、風が追い風になって船を運んでくれてる、リュック、押さえてなくても大丈夫だね、とニッコリ。でもあれは、と、Nam はひそかに思う、あの往路の風と波は、キリスト教の遺跡に向かう観光客を怖気づかせるために妖精が起こした嵐だと。なにしろここはアイルランドなのだから。そして遺跡から離れるほどに、風も波も静かになる。

　無事帰港して船を下り、別れるときに、ぴったりと頭を覆っていたレインコートのフードを脱いで髪を一振りしたお隣さんを見てびっくりした。長い髪、ピアスをした女性だった。男性のカップル、と思い込んでいたのに、やせて背の高い男性と、それより背の高い女性のカップルだった！　ふたりは親しげにバーイと手を振って去って行った。愛想の良いアメリカ人。後ろに並んでいた5人の中世の修道士（気がついたら全員消えていた）がどんな人たちだったのについては、まったく記憶がない。

Gaeilge　[geːlʲɡʲə]　ゲール語 （アイルランド語）

　シングがアラン島に行ったのは、パリで同郷の先輩
詩人イェーツにそれを勧められたからだという。イェー
ツはその頃、英国の支配から逃れようとする独立運
動、とりわけアイルランド古来の文化を見直そうとす
る「文芸復興運動」のただなかにいた。志を同じくす
る作家や詩人たちと協力して各地の伝承文学を収集
し、アイルランド文学を再生しよう、むしろ創り出そ
うとしていた。自分が少年時代を過ごしたスライゴー
に伝わる民話をはじめ、南部コークやウォーターフォー
ド、東部キルケニー、ティペラリー、キルデアの民話、
北部アーマーの英雄譚、さらには西部ゴールウェイに
伝わる伝説など、さまざまな地方から集められた神話、
伝説、おとぎ話、歌謡などを編纂、英訳した。シング
にアラン島行きを勧めたとき、ゲール語の強く残るこ
の島では特色のある民話や歌謡の採集ができるだろう
と、イェーツは考えた。この期待を、シングは満足さ
せたか？

　シングが、やるべき仕事、生きるべき道をはっきり
自覚したのは、このアラン島行きが契機だったのは確
かだ。彼はアラン島の、なかでもイニッシュ・マーン

の土地と、そこに住む人びとにすっかり魅了され、幾度かにわたる滞在のなかから得たものを糧に作品を書き始めた。アラン島を題材にした、短いが後に高い評価を得ることになる悲劇。ほかに、アイルランドの地方に生きる民衆を主人公にした4つの喜劇（たぶん喜劇と言っていいのだろう）。最後に、よく知られた古代神話を題材にした悲劇。これは早い死によって未完のまま残された。大陸を彷徨（さまよ）っていた風来坊は、アイルランドの劇作家として文学史上に名を刻むことになる。しかしその前に当然ながら、彼の劇作品は劇場で上演されねばならなかった。

　イェーツが中心となってダブリンに作ったアビー劇場はアイルランド演劇運動の拠点。イェーツがアラン島に送ったシングの天性は戯曲を書くことにあったが、それをイェーツは見抜いていたか？　自作と共にアビー劇場で上演する、いくつもの作品（シングは1902年から彼の死の年1909年までの短い間に6編の作品を書いた）を得て、イェーツは目をみはったか？　いや、むしろ、目を覆ったことだろう。シングのドラマに登場するアラン島の漁師たち、ウィックローの谷の羊飼いたち、メイヨーの農夫たち、漂泊者の鋳掛け屋たちは、アイルランドという国の基盤を支える素朴で

信仰心篤い善良な民（イェーツが称揚したがっていたような）などではなかった。ロマンティックな詩劇とはほど遠い、野卑な会話、姦通礼賛、親殺しへのやんやの喝采、奇蹟の揶揄、神父の偽善の暴露、祝福されない惨死。英語で書かれているが、彼らが喋るのは正しい英語ではなく、もちろん正しい（?!）ゲール語でもない。ダブリン、アビー劇場の観客は、アイルランドを貶めたと大ブーイング、文学史・演劇史に残る暴動騒ぎ！上演の度にイェーツは、シングと劇場、作者と芝居小屋、の擁護におおわらわ。

　イェーツの運動に加わってはいたが、シングがゲール語を勉強し、作品を書いたのは、おそらく文芸復興運動のためではなかった。大好きな島びとたちのことばを理解しようとして、ノートを取り、学んだ。長いあいだ英国の支配下にあって、ゲール語は抑圧され消えてゆき、それでも英語が完全に浸透しない周辺の地域には残って、英語を使う機会も必要ももたない人びとはこのことばを使い続けた。イェーツは、本来アイルランド人のことばであるゲール語を復活させようとダブリンに学校も作った。だが学校で教えるゲール語は、生活のなかのゲール語とは違う、それは教科書のなかのことばなのだ。もはや純粋なゲール語は、生活

のなかには残っていない。ほどなくイェーツは悟ることになる、ゲール語は自分の国語ではあるが、母語ではない、と。

　シングは、自分を深く虜にしたイニッシュ・マーンの人びとが使うことばをわかりたいと思う。イニッシュ・マーンでは、ゲール語が母語だが島びとたちの多くは読み書きができない。ゲール語の読み書き、とりわけ正しく綴るのはものすごく難しいのだ。島から出て本島で働いている若者が消息を手紙に書いてよこすが、それは不十分ながら英語で綴られている。ゲール語で書いても、家の者はだれも読めないからだ。届いた手紙を英語の読める者が読むと、それをゲール語の口語に訳して、やっと内容が理解できるという回りくどいことになる。かくして彼らのゲール語のなかには、若者たちの使う英語の単語や言い回しが入り込み、発音も少しずつ変化している。同じアラン諸島でも、（いまもそうだが）シングの時代にすでに多くの人の出入りがあったイニッシュ・モアと、外から人がほとんど来ないイニッシュ・マーンでは島びとたちの話すゲール語に違いがあると、シングは紀行に書いている。ことばは生きているものだから、どんどん変化してゆくのだ。イェーツと違ってシングは、ゲール語の復興を！

と旗を立てて運動の先頭に立ったりしない。ゲール語の使い手ではないシングは、自らの母語である英語で書くほかはなく、そのことについて異論はない。しかし自分の登場人物がしゃべることばは、英語であってもダブリンの、ましてやロンドンの英語とは異なるものであってほしいから、島びとの英語を創り出す。つまり、ゲール語の構文のなかに英語の単語を入れる。これは彼自身紀行文のなかで言っているが、実際島びとたちはそのようにして、程度の差はあれ変成されたことばで日常を送っているのだ。

　後年、ジョイスが意識的に（ゲール語に対しても、支配言語であり彼自身の母語である英語に対しても）試みたことを、シングはおそらく無意識のうちにやったのだろう。ジョイスとは逆のベクトルで。シングは愛着を込めて、ジョイスはあからさまな揶揄で。

　浜に通じる道で、マイケルの亡霊と一緒に馬で行く末の息子バートリーを見た、と語る母親のことばに、姉娘キャスリーンは嘆きの声をあげる（「海に騎りゆく者たち」）――

"It's destroyed we are from this day! It's destroyed we are surely!"

　（もうおしまい、今日でほんとうにわたしたちはおしまいだ

わ！）

　シングの登場人物の、この悲痛なせりふを、ジョイスの登場人物が皮肉たっぷりに口ずさむ。あろうことか、

　"Pogue mahone! Acushla machree!"
などというゲール語（英語話者にはこう聞こえる）のエロティックなせりふのあとに続けて。

　ちなみに、読者は100年楽しめる、とジョイスが仕掛けた謎々を解いてみれば、もとの形は

　"Póg mo chón! A chuisle mo chroí!"
（あそこにキスして！　愛しいダーリン！）

あたりか？（詳しい説明は省略します…）

　これでは、シングが島の履物（バンプーティー）でダブリン中をうろついて、殺してやる！と、ジョイスを探し回るのは当然だ（…が、これはお話のなかの出来事です、1904年6月16日、話のなかのシングが殺したがっていたのは、若き日のジョイスつまりスティーヴン。中年になった現実のジョイスがこの話を書いたとき、シングはもはやこの世にはおりません、ややこしい…）。一方、22歳から年をとらないスティーヴンはといえば、殺害の予告に動ずることなく、パリでのガーゴイル・シングとの不毛な（ことばによることばのた

めのことばの）論争を懐かしく思い出しているという按配（『ユリシーズ』第 9 挿話）。

　しかし名誉のために（誰の？　たぶんジョイスとシング、両方の…）いそいでつけ加えておけば、ジョイスはシングを、100 年残る（と自負する）自作の中でからかっただけではなかった。1918 年、チューリヒにいて、英語の劇作品を上演する劇場を作ったジョイスは、シングの「海に騎りゆく者たち」を舞台にのせた。ほんとうはシングのこの作品を高く評価していて、大陸での初めての上演の実現に力を入れたのだ。伴侶のノーラにキャスリーンの役を当てた。劇は好評だった。アラン島の見える土地で育ったノーラ（劇中の妹娘ではなく、女優としてのノーラ…ややこしい）のしゃべるせりふは、本物の島の訛りで発音されたはず、と、演劇評論家への手紙で書いたそうだ。

　さて、わたしたちはダブリン、アビー劇場で、脚色された〈ユリシーズ〉を観る機会を得た。「アイルランド文芸復興」運動とはおよそ（シングの作品群の比ではなく）縁遠い、良くも悪くもアイルランドを突き抜けてしまったこの小説作品を、「演劇」として「アビー劇場で」上演する？　劇場の完成の年に、後ろ足で

砂をかけるようにしてダブリンを去り、自作のなかで
「配管工組合会館」だの「玩具箱」だのと皮肉った、
その当の劇場で？

　ジョイス本人が知ったらなんと言うだろう？　また、駆け出しの若造ジョイスに、過去の遺物だ観念の亡霊だと批判された、劇場の創設者イェーツが知ったらなんと言っただろう。

　でもじつは、生意気な若造ジョイスの分身であるスティーヴンは、この日（1904 年 6 月 16 日）の朝から深夜にいたるまで、なにかにつけてイェーツの詩を口ずさむ。やはりイェーツに育てられたのだ。そしてイェーツはといえば、アイルランドが当初猥褻書として受け入れなかったこの作品を、パリの書店で予約購入したそうである。

　6 月のダブリン・アビー劇場は観客でいっぱい。アイルランド全土どころか、全世界からジョイシアンがつめかける。あるいはたまたまこの時期ダブリンにいた（わたしたちみたいな）観光客が。観客は「アイルランド的」ではない舞台にブーイングなどしない。それどころか観客たちの一部は自分たち自身が舞台の上で、いくつかのテーブルについてパブの客になったり、舞台奥のひな壇にお行儀よく並んで、中央にでん

と据えられたダブルベッドを覗きこんだり、街路に置かれた（と想定される）椅子やベンチに坐ったり。その間を役者たちや人形（パペット）やいろんなものが忙しく動き回ったり、飲み食いしたり、睦言を交わしたりするのを眺めながら、自分たちも平土間の観客たちに観られているのだ。何か囁きあったり、笑うべきところできょとんとしていたり、そっとあくびをしたりしているのまで観察されて。室内と室外、店内と街路、海辺と町なか、のみならず、役者と観客、舞台と客席、あらゆる境目をなくした、21世紀的演出。

　演出家は、この、それ自身夢想と現実の境目のない巨大な作品を舞台に乗せるのに苦闘し、すべての基点をモリー（主人公ブルームの奥さん）の「夢」に置くことでその困難を乗り越えた——そうだ。それを象徴する、舞台中央の巨大なベッド。やれやれ…

　ジョイスは『ユリシーズ』のあと、どこまで行ったか？　17年後に出版された最後の作品を、本当に全部読んだ（読めた）人は今までにどれだけいるだろうか？

　基本は英語だが、辞書におさまっている語はほとんどない。駄洒落に地口。分割され、くっつけられ、他言語と混じる。入り込むのは故国アイルランドのこと

ばだけではない、イタリア語フランス語ギリシャ語か
ら非ヨーロッパ語、果ては日本語まで。

　たとえばこんなふう。アイルランドの古い戯れ歌「フ
ィネガンズ・ウエイク」の話を元ネタに語り出す冒頭
部、梯子（はしご）から転落してあえなく身罷（みまか）った大酒飲みの煉
瓦職人フィネガンを皆で家に運び込み、最期の床に寝
かせて、通夜の準備をするところ——

They laid him brawdawn alanglast bed. With a
bockalips of finisky fore his feet. And a barrowload of
guenesis hore his head. Tee the tootal of the fluid hang
the twoddle of the fudded, O! （*Finnegans Wake*）

　英語ネイティヴが「素晴らしい暁」と読みとれば、
ゲール語ネイティヴは「（至高の聖なる魚）鮭（ブロドーン）」と聞きとる。
酒飲みがドイツの黒ビールやちびちび舐める上物ウイ
スキーをほとけの足元（ボック）に、アイルランド（ネ）の黒ビール（ス）の
酒樽を頭元に積み上げれば、信心深い向きは黙示録（アポカリプス）と
末期（まつご）の聖水をほとけの手（前足、だから手）に、悲しみ
の主の創世記をその額に。おお見よ！　なみなみの酒
と、フルート、フィドルの楽（がく）の音（ね）、飲めや歌えの大騒
ぎで、おさらば（トゥードルー）はいったん棚上げに、逃げろ（テー・オー）！（以上、
究極のヒマ人 Nam さんの勝手な解釈、あしからず蒙御免！）

　なんのことやら…忙しい人はまず読まない。そして

この作品は、舞台に乗せるのも不可能だろう。観客が
どこの国の人であっても理解できないから。しかし何
かの「理解」というのが、言語を通じてしかできない
のかどうかの試金石になるかもしれない。じつはほと
んど「理解」不能なこれらの文を、ためしに声を出し
てよんでみると、その音の面白さ、リズムの良さに驚
くからだ。ジョイスの愛妻ノーラは、理屈っぽい『ユ
リシーズ』は読まなかったが、この作品は面白い、と
気に入っていたそうだ。

　ことばとはなにか、その理解とはなにか？　チャッ
ト GPT にこの作品を読みこませてみたらどうだろう。
腹下しを起こしたりして…。

　さて、調子に乗せられて「進行」につきあってしまっ
たジョイス語から、本項の Gaeilge に話を戻します。
ついてはそこで、ひとことお断り。
　ここまでずっと「ゲール語」と言ってきたけれど、「ゲ
ール語（英語で Gaelic）」は、スコットランドやウェー
ルズなど他のケルト語派の言語も含む。したがっていま
は、英語では "Irish"、日本語では「アイルランド語」
というのが普通で、アイルランドの言語を指すのに「ゲ
ール語」は厳密には正しい使い方ではない。でも文化・
民族・歴史的な含意のある呼び方は捨てがたく、音と

しては「ゲール語」はほとんど Gaeilge と同じだし（ちょっと無理筋？）、などと自分勝手な理屈と気分で、確信犯的に「ゲール語」と言ってきた。でも、アイルランド（土地、ではなくて、国）の「国語」として学習する若い人たちのことを話すときには、ジョイスやオフェイロンに叱られそうなその小婆的前時代的曖昧的郷愁は捨てて、正式（？）に「アイルランド語」と呼ぶことにします…。

　イニッシュ・マーンではいま、夏の休暇の間に、Gaeilge を教えるサマースクールが開かれている。「本島」の町から来た中学生たちが、島に滞在して学んで、講習の終わりには、あなたはわが国の第一公用語であるアイルランド語をちゃんと勉強しました、という終了証をもらって帰って行く。楽しそうに英語でおしゃべりしながら。彼らは国語であるアイルランド語を話したり学んだりすることを禁じられてはいない…どころか、それは義務教育の一環である。が、学校を出ると、学んだこのことばを使おうとする者はほとんどいない。それは彼らの母語ではないのだ。イェーツにとってと同じように。そしてそのことに、何の屈託も感じてはいない（ように見える）。

北アイルランドでは事情はもう少し複雑。この土地
では「国語」が英語。もちろんもともとの土地のこ
とばとしてのアイルランド語を学ぶことが（かつての
ように）禁じられているわけではない。しかし普通の
人びとの反応（TVのインタヴューなどで）は、不思議そ
うに「アイリッシュ？　何のために？」とか、「まさ
か！　アイリッシュなんて！」とか。これは、ユニオ
ニスト、つまり自分が何国人だと思っているかと問わ
れて言下に「英国人」と答える人たちの層と一致する。
だが、（いまや母語でも国語でもなくなった）このことばを
学ぶ権利を保証せよ！　と、横断幕を掲げてデモ行進
をする若い人たちの姿をTVで見たこともある。2021
年6月、北アイルランド議会が、「アイルランド語保
護法案」の成立をめぐってもめたというニュースのと
きだ。横断幕には アイルランド語と英語の両方で「言
語の自由は基本的人権」と書かれていた。…というこ
とは、英国の一部であるこの地域では、やはり今でも
アイルランド語を学ぶことに対する何らかの抵抗ない
し圧力があるのか？

　言語、土地、国境、政治、権力、自由…関わりあい、
もつれあって、簡単には解けない問題。

　イングランド生まれだが、幼時をアイルランド・ケ

リー州のゲールタハト Gaeltacht（いまでは希少になって
しまったゲール語使用地域）で過ごした女性と話したこ
とがある。長じて詩を書く人になった彼女は、詩は
Gaeilge でのみやってくる、と話す。そして、日常生
活は英語で送っているが、自分が書いた詩を自分で英
語に訳すことは不可能だ、と。

　イニッシュ・マーンの B&B、〈An Dún〉には、ほ
っそりした金髪の少女がひとりで昼食を取りにきてい
た。女将さんが、彼女はいまここの夏の学校でアイル
ランド語を勉強していて、毎日お昼を食べに来るのよ
と教えてくれた。話してごらんよ、と言うから、アイ
ルランド語は難しい？　ときいてみたら、はい、もの
すごく、と。そしてちょっとはにかみながら、でも、
面白い、とつけ加えた。友だちとつるんだりせず昼を
ひとりで過ごし、サンドイッチをかじる間も、本に目
を落としている。この少女はもしかすると、不思議な
魅力を持つこのことばで詩を書くようになるかもしれ
ない、と思った。

Gaillimh　[gaːLʲə]　ゴールウェイ

　コリブ川の河口、港に近い護岸の石に腰をおろして、二人連れの小婆さんたちは途方にくれていた。

　川の流れは早く、黒味を帯びた豊かな水が目の前を流れている。スペイン門のある広場から遡った上流と異なり、港に近いせいもあるのか、以前には目につかなかったさまざまなゴミが浮いたり沈んだりしながら運ばれていくのが気になって、眺めているとめまいがしてきて、水の中に引き込まれてしまいそうに感じ、あわてて空を見上げたりした。

　どうする？　これからどこへ行く？　どこでなにを食べる？

　ふたりともすごくがっかりしていた。6年ぶりに再訪したゴールウェイの町は、記憶のなかで暖めていたものとすっかりさまがわりしていた。

「どう？　ゴールウェイっていいところだろ？」——何人のひとにこうきかれたか、6年前には。そしてそれにどう答えていいかわからないくらい、わたしたちはこの町が気に入っていた。

　特にどこに行ってなにを見るでもなかった。この町はアラン島に渡るための根拠地で、この町自体がわた

したちの目的地ではなかったから。でも、宿に荷物を
おいてから、町のストリートをぶらぶら歩いて行くだ
けでおもしろかった。並んでいる店のさまざまな彩り
と、掲げてある看板に書かれていることば、独特の字
体のゲール語の表記を眺めるだけで心がおどった。本
に印刷されるゲール語からは姿を消してしまった、旧
い表記が、町じゅうに、そこいらじゅうにあふれてい
た。ここはアングロ・アイリッシュ文化のダブリンと
は違う、ケルトの香りが残っている西の町なのだと強
く感じた。

　ストリートはまた、音楽で満たされていた。あちこ
ちでフィドルやホイッスルやアコーディオンの音が聞
こえる。人びとはしばらく立ち止まって演奏を眺め、
ひとくさり終わると小銭を投げ込んで去ってゆく。ゆ
っくり歩いてゆくと、ひとつの演奏が遠ざかりほぼ聞
こえなくなった頃に、別の楽の音が行く手のほうから
聞こえてくるといった具合。

　ストリートの中央に置かれた緑色の台座に、丈高く
ほっそりした女性のブロンズ像が立っている。…ので
はなかった、顔も手足も緑色に塗って緑のドレスをま
とった生き身の女性だった。どれぐらい彫像のように

じっと立っていられるか、道のこちら側からしばらく見ていたが、見事に不動で瞬きもせず（…というのはたぶん記憶違いだろうが）、とうとうこちらが根負けした。その場を離れかけたちょうどそのとき、向かいの歩道でやはり不思議そうにじっと見上げていた小さい男の子が、かたわらの母親にささやいて手になにか（たぶん50ドか1€ユーロ硬貨）握らせてもらい、おずおずと「彫像」に近づいた。手をのばし、そっとドレスのすそをひっぱる。丈の高い「彫像」は動かない。…と、じっと前方の遠いところに据えられたままだった「彫像」の視線がまずゆっくりと下りてきて男の子に注がれ、次いで、細い上体が、なるほどブロンズ像が動くならこうなるか、と納得できるような緩慢な動きでかがめられ、同時に片手が男の子のほうに差し出されて微かにその肩に触れると、表情は変わらないまま、ゆっくりとまたもとの姿勢にもどった。男の子はにぎっていたものを台座の上にそっと置くと、喜びに頬をそめて母親のもとにかけもどる。わたしたちをふくむ見物人たちも満足してまたそぞろ歩きを続ける。

　通りの向こうがわをひとりの紳士が歩いてくる。スーツに身を包んで悠揚せまらぬ足どり。後ろに、家族なんだろうか、大小いろいろの子どもをまじえた一団

を従えて。なんだか変な一団。こちらもヒマだからじっと見ていると、先頭の紳士と後ろの一団は、あきらかに同行者ではない。紳士のすぐ後ろには若くない男、いまどきのひとはかぶらない山高帽、色物のくたびれたジャケット、ドタ靴。服装だけでなく、彼の動きがおかしい。すぐ前を歩く紳士の歩調そのまま、手の振り方、頭のそらせかた、影のように同じ動作をしている。後ろには、ひじでおたがいをつついたりしながら、カルガモのヒナよろしく親ガモの真似をしながらついて歩く悪ガキども（失礼！　子どもたち）。鷹揚な紳士は、自分のすぐ後ろにひっついている影にも、その後ろの、こらえながらもついもれ出てしまうくすくす笑いやシッとたしなめる舌打ちなどにも（ストリートのにぎわいに気配がかきけされることもあり、視線を集めているのは我が伊達男振りという自惚れもありで）一向気づかないまま、気取ってストリート沿いの建物の正面の階段を上がり、あっさりそのなかに吸いこまれてしまう。

　鼻先で閉まったドアの前に取り残される影男とガキ集団。どうするかと見ていると、今度は逆方向からやってきた年配のご婦人を、やり過ごしておいてまた追いかけ始める。ご婦人はそれ、殿がたとちがって神経が細やかにできているから、なにか妙な影が背後にくっついているのを敏感に察知する。せかせか歩きを急

に止めてぐるっと振り向く。影もさるもの、同じタイミングでぴたりと足をとめると、同じ動作でぐるり振り返り、後ろからついてくるガキどもに向かって、おまえたち、なんだってひとのあとからぞろぞろついて来るんだ、と声は出さねど詰問の一瞥、威嚇の身振り。前が急に止まってブレーキをかけそこねたガキども、互いにぶつかったり足を踏んだりけつまずいたり、ひとしきりの騒ぎのあと、くもの子をちらすように逃げ去った。件のご婦人の姿は…消えていた。

　ちょっと肩をすくめて影男、山高帽を脱いで一息。紳士のあとを追って行って、回れ右してご婦人のあとについてもどってきたのが、ちょうどわたしたちのいるあたり。そこで影から自分自身に戻った男は、物珍しげに見張った視線に気づくと、こちらにむかって愛想よくウインク。

　　──見てたかい？
　　──楽しみでやってます？
　　──そうとも、そのうちについてくるガキの数、もう少し増えたら、ゴールウェイ港から船に乗っけて、外国の港で売り飛ばす！（…おぉ、これは現代ゴールウェイの「笛吹き男」だったか！）

　実入りなきパフォーマンスに情熱を傾ける男女。ひとを楽しませるより、自分が楽しんで。

それからあの店があった。〈Ard Bia〉。

コリブ川河口、スペイン門の近く、中世の波止場の遺跡スペイン門と同じ材料で建てられているのか（あるいは遺跡そのものの一部か）と思うような、古びた石造りの小さいレストラン。赤い小さなドア。室内にはクロスなどかけないぶ厚い木のテーブルとふそろいな椅子。わたしたちは川に面した窓のそばの席を選んだ。窓には、やはり中世の牢獄めいた鉄の格子がはまっていた。窓からは、コリブの黒味をおびた流れに鴨が浮かんで、泳いだりもぐったりするのがみえた。なにを食べたか？　メニューの数はそれほど多くないが、知っている料理の名前はひとつもなく、スープと野菜、それに魚、できればフライではなく…とかいう頼みかたをしたような記憶がある。

　　──蒸してソースをかけた〇×□は？

　　──あ、それがいい！　それ、ひとつ。

出てきたのがなんだったのか、いまでもわからない。ただ、美味しかった。たっぷりの野菜と、スープと、ずっしりと重くて愛想の悪いソーダパン（色は黒いが味わいがある）。蒸した魚をほぐしてちょっとエスニックな香りのドレッシングであえて、上にたっぷり玉ねぎのスライス。Ryoは羊。黒ビール。コーヒー。デザー

トに焼き菓子。この店に3日通った。いつも同じ、川に面した席。3日目はその席に先客があって、通路を隔てた席にいったん坐ったが、その人たちはもう食事を終えていてすぐに出たので、給仕の人はわたしたちの食卓をそちらに整えてくれた。さりげなく、親切。ふたりで3回、6つのメニュー。多くないとはいえ、メニューにはまだいくつもの料理が載っている。ぜひまたここで食事をしようというのが、わたしたちの宿願となった。

その宿願を果たすべく、6年経ってまたやって来たのだ、アイルランドは西の果てゴールウェイ、コリブ河口、スペイン門近くのレストラン〈Ard Bia〉。
「今夜は満員です」——6年前と同じ店員かどうかはわからない（たぶん違うだろう）が、にべもない門前払い。
あれ？　ちょっと感じが違う？

…とは、北のドネゴールから乗り継いで来たバスをゴールウェイのバスターミナルで降りて、宿にむかって歩き出したとたんに、わたしたちどちらもが感じた違和感だった。なにしろひとが多い。ダブリンのグラフトン通り、トリニティ・カレッジのみやげ物売り場、京都歳末の顔見世興行か祇園祭りの四条河原町、東京

は浅草雷門、原宿竹下通りか渋谷のクロッシングなら驚かないが、この西の端のそんなに大きくもない町のそんなに幅広くないストリート（だからこそかもしれないけど…）が、道の路面が見えないくらい、ひと、ひと、ひとの波。まぁ、6月後半、ヨーロッパではもうすでにヴァカンス期間に入っていたということもあっただろうが、たぶん、アイルランドの観光化が大きく進んだことも原因だろう。自分も観光客として行っていながら不満を言うのはフェアではないが、経済効果と穏やかな環境の両立は難しい（たぶんアイルランドは貧しい国という思い込みを世界中の国の人びとが共有しているだろうが、じつは国民ひとり当たりの平均所得はいまや、アラブの石油長者諸国を除けば世界4位で、20位あたりの日本など、足元にも及ばない）。

　荷物を引いてストリートを歩くのに難渋しながら、人ごみのなかで探してみたけれど、あのストリート・ミュージシャンたち、パフォーマーたちの姿はなかった。影男は別の港町へ船出したろうか、銅像は台を降りて、なにもせずただ立っていても通行の邪魔にならず、ヒマな通行人が立ち止まって眺めていても、ほかの忙しい通行人の邪魔にならない通りを求めて去ったろうか…。

さて、コリブ河口、スペイン広場辺りの夕暮れ。へたりこんでいたふたり、ようやく立ち上がり、あてもなく川沿いを上がって、なんとなく橋を渡って（あきらかに川の向こうはひと通りが少なかったのだ）、渡り切ったところでまた立ち止まってぼんやり。これだけ観光客がいるのだから、レストランだって通りに軒を連ねているのだがこの賑わいを前にしてしりごみする小婆たち…その姿は迷子のように（いや、たぶん帰り道がわからなくなったちょっとボケのきた老女たちのように）見えたのだろう、孫と思われる小さい男の子の手を引いた初老の婦人が声をかけてきた。

　――どうなさいました？

　わたしたちの困惑の理由を聞いた婦人はニコニコ笑い、それなら私がいいレストランを知っている、すぐ近くだから、連れて行ってあげましょう、と。一緒に歩きながら婦人は問わず語りに、たくさんひとが来るようになりました、この町も、と言い、でも静かな界隈もありますよ、と。ノーラという名前だと名乗った。彼女が連れて行ってくれたレストランは、〈カイ〉といった。どう綴るのか、何か意味があるのか、たずねなかったし、店の前なり、メニューなりに書いてあったと思うが、何も覚えていない。たしかに、ほとんど人通りのない辺だった。入り口の狭いドアを開けて

顔をつっこんで、ノーラはなかに声をかけた。少しやりとりがあってから、彼女はわたしたちを通すために身をよけて、では、いい夜を過ごしてくださいね、とほほえんで、男の子の手を引いて去っていった。「ありがとうございました」くらいは言ったのだろうが、たしかな記憶はない。レストランは奥に長く、壁際の小さいテーブルに着いて…そこでどんなふうに、なにを注文して食べたのか、美味しかったのかそうでもなかったのか、それもあまり記憶がない。旅のメモ帳にはふたつの名前、「ノーラ」と〈カイ〉だけ。

ダブリンの人、ジョイスが6月の路上で見初め、6日後の6月16日にデートして、ダブリンの町を一緒に歩き回った女性、同じ年の秋には共にアイルランドを出奔し、のちに妻となった女性。名前はノーラ、出身はゴールウェイ。わたしたちが橋のたもとでぼんやりしていたのは、毎年のそのふたりの記念日（すなわち有名な「ブルームズ・デイ」）の前夜、15日の夜。夜といっても夏至の前のこの時期、まだ十分に明るい、夕暮れ。

あとになってわかる奇妙な符合、でき過ぎた偶然、旅の魔法。

iascaire　　[iːˈəskərʲə]　　漁師

　　雨がやっと上がったが、風はあいかわらず強い。スケリッグ・マイケルへの船は、今日は出ない。滞在を一日延ばして、潮待ちならぬ、風待ちならぬ、凪待ち。岩礁の修道院見学がこの旅の目的のひとつである Ryo は、早起きして朝食をすませると、港と長い橋でつながっている対岸の細長い島に出かけた。そこには〈スケリッグ・センター〉なる施設があって、この修道院についての詳細な情報が得られる。自然環境、岩礁島の成り立ちの解説、営巣する鳥たちについての説明、古（いにしえ）の修行僧たちの等身大の人形（ちょっとドキッとするくらい精巧）を配した石庵のレプリカもあるし、記録フィルムを見ることもでき、遠くからわざわざやってきても海が荒れて岩礁に行けないとき（結構よくあるという）に、観光客がここでこの世界遺産を訪れた気分を味わえるように設（しつら）えてある。わたしたちも昨日、ここポートマギーに到着してすぐ、いやになるほど長い橋を渡ってセンターに行ってみたが、見るべき資料があまりに多くて、早々に引き上げた。昨日はまだ、ホンモノを見に行く気満々だったから。しかし今日は荒れて駄目、明日もわからないとなれば話は別。Ryo はさっさと支度をすませて勇躍、出かけてゆく。一方宿

132

に残った Nam、修行僧の頭髪の剃りかたがどうとか、何のコトや、とひとりぶつくさ。あの長い橋、また渡るのはちょっとキツいな、まぁ最終的には港のレストランで昼やから、それまでに港に行っとけばいいか、とのんびり身支度。

　宿から港へはゆっくり歩いて 15 分ほど。道の途中の家の前にバンが止めてあり、通りかかると中でなにやら大騒ぎの気配。かなり大きな黒い犬が、通りかかった人間の注意を惹こうと狭い車内で地団太を踏んで騒いでいる。目的地に急ぐより道草が好き、道草のタネは植物だけでなく動物も鉱物も天体もオーケー（ヒマか？）、わけてもこちらに興味を示して何か言いたそうな動物に遇えば、相手がカラスでもイタチでも、小さい鎌を振り上げて威嚇する仔カマキリにいたるまで、ナンダヨとかまわないではいられない性質のNam としては、とりわけ雄弁な犬の盛大な歓迎を横目に素通りはできない。寄っていってガラス越しに話しかけてかまってやると、窓に顔をすり寄せてニコニコする。アイルランド犬なのに日本語がわかるらしい。家から男が出てくる。なにか言われる前に、急いで言う。
　——犬が…

すると犬と同じく主人もニコニコして

──そいつ、お客が好きなんだ

──なるほど…（ご主人に似て、とは言わないでおく）

──旅行かい？

──島（スケリッグ）に行こうと思ったけれど、天気が悪くて

──ああ、今日は無理だな

──雨は上がったけど？

──問題は風だよ、来てみな

彼は少し道のほうへ出て、そこから見える海のほう
を指す。こちら側から突き出した岬と、水路をはさん
で対岸に横たわる細長い島の先端部分が、両腕のよう
に港のある湾を抱えており、岬の中ほどにあるこの家
やわたしたちの宿からは、港から出て行く船が通り抜
ける外海への開口部が見える。

──あそこだ

男は、海の、そのせまい開口部の辺りを指す。雨が
上がったばかりで空はまだ暗くガスもかかっていて、
水と陸の境ははっきりしない。

──白い線が見えるだろ？

船が出入りするその開口部に白波が立って、海と陸
の見分けはつかないのに、海の中のその線は太くなっ
たり細くなったりしながら白く浮き上がって見える。

──あの線が見えたらな、船は出ない、ちょっと待

ってなよ

　彼は家の中に引っ込んでしまう。犬がまた、注意を惹こうと騒ぐ。いいから、ヨシヨシ、となだめる。まてよ、海の果てには天から霧のカーテンが下りていて、それがときに上がったり下がったりするのだけれど、カーテンの端が海面についたり離れたりするたびに波がおきるのだと、あれはどこの伝説だったか、その果ての光景を見ているような気がする。現われたり、消えそうになったりする白い線。

　パソコンのタブレットを手に、男がもどってきた。

　——ほら、見てみな、波の高さと風の強さ、図で示してあるんだ、昨日はここだった、波がな、今日はここ、少しマシだ、でも危険区域、だから仕事はなしだ！

　——海の仕事？

　——俺は漁師だが、今日は犬とドライヴだ、なぁ、ワン公?!（イアスカリャ）

　黒い犬はうれしがって飛び跳ねる、やっと主人が話しかけてくれた！　しかも今日は一緒にドライヴだって、ワオ‼

　——明日はどう？　船、出るかな？

　——そうさな、予報じゃもう雨は降らないようだが、風がどうかな、あの白い線が消えるかどうか、微妙なとこだ、朝にならにゃわからんな、ま、幸運を！（グッド・ラック）

——ありがとう、漁にも良い日を！

　アイルランドの漁師さんも、いまはパソコンで情報を集めて漁に出るんだ。

　村からだらだら下り坂を歩き、港について最初に眼に飛びこんでくるのが、巨大なロブスターの絵の描かれた立て看板。〈漁師の酒場〉。昨日宿に荷物を置いてすぐ港に行き、そこでロブスターを食べた。店に入ってから気がついたが、わたしたちが入ったのはカウンターのあるバーのほうで、両開き自在扉を境にあちら側がレストランになっている。正面から見ると完全に2軒分で、〈フィッシャーマンズ・バー〉と〈スケリグ・レストラン〉は入口が違う。

　昔、初めてロンドンに行ったとき、パブの入口が2つに分かれていたので驚いたのを思い出した。そのとき一緒にいたのはカナダからの出稼ぎ労働者の人たち。俺たちはこっちの入り口、あっちはイギリスの紳士用の入り口、間違えるとつまみ出される、と教えてくれた。なかに入ると、なるほど室内も半分に仕切られていて、あっち側には行けないようになっている。でもカウンターのなかには仕切りがなく、バーテンダーもボーイたちも自由に行き来している。貧しい少年トムと着ているものを取り替えてロン

ドンの町に出たエドワード王子なら、臆することなく
あっちから入ってたちまちつまみ出され、ワタシハオウ
ジダ！　と抗議するだろうか。ぼろは着ていてもれ
っきとした王位後継者、でも、見た目では判断できな
い。王だの貴族だのを庶民・労働者と区別するのは着
るものか？　そもそも王と庶民に根本的な区別はある
のか、人間として？　…と、話がややこしくなるから、
入り口は分けないほうがいい、ということで、いまで
はロンドンのパブの入り口はひとつ。まぁ16世紀の
昔、といったって、少年の王子が酒場に入ることはな
かっただろうけど。

　さて、アイルランドはケリー県ポートマギー村のこ
の店は、もちろんかつてのイギリス式の階級による区
別ではなく、何を求めて店に入るのか、飲みたいの
か、食事をしたいのか、によって入る側を決めるわけ
だが…　村から坂道を下りてきて、大きなロブスター
の看板に釣られて手近な入り口にとびこんだわたした
ち。こちら側のバーにも壁際にはテーブルが置かれて
いて、食事をしてもかまわないと言うから、観光客が
主に席についているらしいあちら側（皿を両手に捧げた
ウエイトレスが自在扉を背中で押して行き来するたびにその様
子が見える）に移動するのも面倒で、壁際のそのテー

ブルに落ち着いた。

　昼間なのにバーは混み合っていて、作業服の男たち
が突っ立ったままビールのグラスを手に途切れること
なく笑ったりしゃべったり。わたしたちは彼らのくた
びれた作業着の背中、ペンキや泥汚れのついたズボン
のおしりを見ながら、スープと、でかいロブスターを
半分ずつ、食べた。付いてくる山ほどのフライドポテ
トと、アイルランド式ソーダパン。空腹がみたされ
ると、壁に貼ってある、次の年日本で開催されるラグ
ビー・ワールドカップの出場国とそのオッズ（手書き、
もちろん）を眺めた。当たったら、ビール○パイント
無料とか書いてある。日本も下のほうにあって、何人
かはそこに賭けている。へぇ?!　強豪国ではないけど、
主催国だから敬意を表してくれた？　いや、大穴で、
万一きたら、ぐでんぐでんになるほどロハで飲める、
のをあてこんでにちがいない…　壁には他に、額に入
った古い写真。それから、素朴な版画。パイプをくわ
えた船乗りがテーブルについて、隣に坐ったイルカと
黒ビールで乾杯している。Ryo はこんな場面でカメラ
なんか出さないから、Nam がそっと携帯を取り出し
て、男たちの背中を撮る。背中の皮が一枚、携帯カメ
ラに掠め取られたことに気づいた者は誰もいない。つ
いでにギネスビールに眼を細めているイルカも撮って

138

おく。

　アイルランドの女たちはかこつ、男たちは命がけで
危険な漁に出て、いくばくかの金を手にすると昼間か
ら酒場に行って飲んでしまう、と。日本に帰ってから
この写真を見せると、友人——この近くの村の生まれ
——はため息をついて言う。これ、典型的なアイルラ
ンドの男たちの姿よ、いやになるね… イニッシュ・
マーンの男たちについて、シングの紀行文でも同じよ
うなことが語られている。百年経っても変わっていな
いみたいだ。

　後日談だが、このアイルランドの旅の翌年の秋、日
本で開催されたラグビー・ワールドカップ。日本は、
一次予選の緒戦でアイルランドと対戦し、なんとなん
と、当時世界ランキング１位のアイルランドに勝って
しまったのだ！　ェ？　ナンデコンナコトニ？　とい
う戸惑いの表情が緑のジャージの大男たちの顔に浮か
ぶのを TV 実況で見ていて、あの〈漁師の酒場〉に群
れていた男たちの大きな背中を思い出し、その肩が落
胆でがっくり落ちるのを想像し（だってかの国の人たち
がラグビーやサッカーにかける情熱は、この国の比ではないか
らね）、思わずアイルランド頑張れと思ってしまった。

でも穴馬に賭けていた 2、3 人はきっと、俺たちのギネスのために日本頑張れって（同胞の手前、声に出さずとも）思っていたろうね…。

ogham [o:m] オガム文字

　その店は、ゴールウェイの中心の通りから1本裏に入った小路にあった。石造りの昔の家を改装した店で、〈POTTERY〉の看板。壷、陶器類のほか、置物、家具装飾品、布類や服、装身具まで、さまざまなものがところせましと置いてある。店の奥には、昔使われていたらしい暖炉がそのまま残してあって、バケツいっぱいの泥炭も置いてあった（え？　夏だからいまは使ってないが、もしかしたら現役で、冬になったら活躍するのかも…いや、きっとそうだ…）。

　ところで、探していたのは、緑色の石のペンダント。球の表面の一部をそっと削ぎ取ったような楕円形、緩やかな凸面をなす石の表面を磨き、そこに古代の文字が彫ってある。それを泊まっていたホテルのロビーのショーケースでRyoが見つけた。出所を訊ねてみたらこの店を教えられた。

　迎えてくれた店主は、穏やかな話し方をする初老の人物。商売をする人というよりは、学者か、退職した学校の先生といった雰囲気。いくつか同じ形のペンダントが飾ってある棚からひとつずつ取り上げて、講義が始まる。

——この文字は〈愛〉、あっちは〈信頼〉、そっちのは〈母〉とか〈娘〉とか、家族の誰かを意味しています。オガムと呼ばれるこの文字、紙のなかった昔は、何本かの水平線や斜線を軸になる垂直線と組み合わせて作った文字を、木の枝に刻みつけました。縦に刻むが、下から上へ読みます、なぜなら、樹木は下から上に向かって成長するからね。石にも刻んだ、碑文、碑銘としてね。それが現代まで残ったから解読された。短いのなら、好きなことばをこの文字で刻んであげます、いや、値段は同じ、ただし時間はかかる。私が彫るんじゃなくて、専門の者がおります、いま食事に出ているが。なんということばを？　〈喜び〉ね、わかりました。夕方また来てください、そのときにはできています。

　その緑色の石は、コナハトで採れる緑色大理石(グリーンマーブル)だという。鑿(たがね)のような道具で刻印するのだろうか、刻まれた文字は白く浮かび上がる。別の棚には、銀細工の装身具も置かれてあった。細い枝状の銀の棒、あるいは小さい銀のプレートに同じく古代文字が彫りつけてある。かがみこんで見ていると、再び店主。
　——それは昔、イチイの木の幹に刻みつけたり、折り取った枝に文字を刻んで人に届けたりした、つまり

メッセージ、手紙、ですな、それを、木の代りに銀を使って作ってあります。

　ラテン文字が入って来るまでの時代、この地では木の名前に由来するアルファベットが使われた。一本の縦線を基線として、何本かの横線、斜線を組み合わせた印が、文字として使われた。1500年以上の時を経て、いま残っているのは石に刻まれた文字だけだが、当時はむしろ樹木に刻むのが普通だったのだ。

　ダブリンの本屋で見つけて買って帰った劇画本 *An Táin*（牡牛争奪戦）には、アルスターの英雄クー・フリンが、自らの仕業を木の幹にオガム文字で書き残し、敵対するコナハトの女王メーヴがそれを読んで地団太を踏み、歯ぎしりするシーンがある。この「牡牛争奪戦」は、アイルランド神話のなかでも最も有名な物語。上のシーンは、クー・フリンがただひとりでメーヴ率いるアイルランド連合軍と対峙する、その戦いが始まる前夜、川の浅瀬での出来事。歴史書から子供向けのお話にいたるたくさんの本のなかで必ず出てくる場面である。そしてどの本でも、クー・フリンがメーヴの軍勢に宛てて木の幹または枝にメッセージをオガム文字で残したことが語られる。

　面白いのは、メッセージの内容が本によってさまざ

まなこと。「(川岸に生えている数本の樹木を素手で引っこ抜いて川のなかに突き立てて柵を作り) 戦いたければこの木の幹を戦車で越えて来い」とか、「(カシの若木の幹にメッセージを記してくるりと環にして石柱に引っ掛け) 今夜はこの石柱を越えて攻め寄せてはならぬ」とか。つまり神話の時代、エリン (アイルランドの古名) には文字があったが、それは神話を記録するために用いられなかった、神話は口伝えに伝えられ、さまざまのヴァージョンがのちの時代にラテン文字によって書き残された、ということだ。そこで、絵のない書物はクー・フリンがオガム文字で書き残したというそのメッセージを、英語なりゲール語なりで好きに (ラテン文字で) 伝えるわけだが、件の劇画本ではそのメッセージ (の一部) のオガム文字そのものが描かれている。「セータンタ・マク・スアルディーヴ、人呼んでクー・フリン、片手にてこの業を成せり」というメッセージの大部分は、劇画のひとこまにオガムで詰め込むのは無理だから、「地の文」としてラテン文字 (もちろんゲール語) で示されるが、「画」で、川の浅瀬の水面から突き出す木の幹に記されたオガム文字を読むことができる (そしてこのページを開くと必ず、木の傍らの水面に、串刺しにされた四つのおぞましい生首を見ることになる、あぁ、気持ち悪い)。オガムはたった2文字。下には、縦の基線の左に4本

の水平な直線（ハシバミのC^{c o l l}）、上に、基線を横切る3
本の水平線（ヒースのU^{u r a}）──"CU"（犬）、すなわちクー・
フリン（クランの番犬^{Cu Chulainn}）の署名である。

　オガムは下から上に向かって読みます…ゴールウェ
イの陶器品店主の柔和な顔（描かれた猛々しい古代の戦士
たちの顔とは似ても似つかぬ）が、いまも目に浮かぶ。

　その日の夕方、同じ店を訪れると、店主ともうひと
り若い人がいて、これが文字を彫る「専門の」人らし
い。ふたりは血がつながっていて、それでも父と息子
ではなくて、たぶん伯父と甥だろうと（ついでに伯父さ
んは結婚しておらず、甥っ子を息子みたいに可愛がって商売の
ことはもちろん、彼らの遠い民族の歴史なども教え込んだのだ
ろうなどと）勝手に想像しながら（人を見ると物語をつく
りたがる悪いクセ…）、グリーン・マーブルに刻まれた白
い〈喜び〉^{a t h a s}という文字を見せてもらい、ペンダントが
ていねいに包装されるのを待って、受け取った。

　店を出るときに、アイルランドの「さよなら」は、
Slán leat! と Slán agat! のふたつあるけど、立ち去るほ
うが言うべきはどちらでしたか？　とたずねると、年
とったのと若いのと、ほぼおなじ顔が同時にほころん

で、異口同音に agat とひとこと。では、"Slán agat!!"
すると"Slán leat!!"と、デュエットで響き、店の出口
でふたつのほぼおなじ顔が、おなじように傾いた。

oileán　　[il'ɑ:n]　　島

　アイルランド語学習の教科書の読解問題に「島」という タイトルの文章がある。固有名はついていない。はじめは、それ自体が大西洋に浮かぶそれほど大きいとはいえないアイルランド島の、そのまた周囲に散らばっているたくさんの小さな島のひとつ（特にどれということはない）だろうと思っていた。読解すべき練習問題としかみていなかったのだ。carraigreacha とか leacracha とかいう単語を見ただけでうんざりして、辞書をひくのがいやになった。ところが２度アイルランドを訪れ、その２度ともイニッシュ・マーンに行って、わかった。練習問題の ≪ An tOileán ≫ で語られていたのは Oileáin Árainn（アラン諸島）であり、タイトルが複数形（oileáin）ではなく単数形で、定冠詞 an（英語の the にあたる）のついた形になっているのは、その三つある島の（おそらくは）まん中の島、つまりわたしたちの訪れたイニッシュ・マーンだったのだ。なるほど、carraigreacha（石・複数形）と leacracha（平たい石・複数形）ばかりの島だ（もう、なんで「石」と「平たい石」を違う単語にするかなあ…）。

　「土地はひどいものだ。ごろごろ石や平たい石ばかり。

しかし［…］海と崖の眺めはすばらしい。海はとても深く、とても青い」──この（練習問題の）テクストは40年以上前に書かれた。それでもあまりいまも変わっていない。シングは、アランの三つの島を行ったり来たりしたが、とりわけ中の島イニッシュ・マーンを愛し、隣のイニッシュ・モア島との違いを語っている。百年前のことだ。それからアラン島とアランセーターは世界中で有名になり、たくさんの観光客が訪れるようになった。が、それはたぶんイニッシュ・モア島（いちばん大きくて、ドン・エンガスという有名な石の遺跡もある）と、東のいちばん小さなイニッシュ・イア島（わたしたちは訪れていないが、ガイドブックによれば、魅力的な海岸とゲストハウスがあるそうだ）の話。まん中のイニッシュ・マーンはいまでも寂れて静かだ。アイルランド語を学ぶサマースクールに子どもたちがやってくるが、彼らは観光客ではない。

　イニッシュ・マーンの、やっと晴れた午後、島の探索に出かけ、分かれ道で Ryo は上って行き、Nam は下って行く。なに、小さな島だからそのうちまた会える。上り道の先には小さい石の砦があるらしく、下り道は浜のほうに向かう。

　浜に出る前に、旧い教会（の遺跡）がある。この国

の教会の廃墟がよくそうであるように、石で築いた四方の壁と切妻はきれいに残っているが、木の棟・梁、藁葺きの屋根は、完全に無くなってしまった姿。柵は一応あるが、開いていたから入ってみると、建物の周囲の地面は石だらけ。重なり合わんばかりの石と石の隙間から少し草が生えているけれど。教会の正面だった（と思われる）壁のところまで進み、扉がなくなったあとの四角い穴からのぞくと、なかには石がなくて、ただ草が蔓延っていた。

　しばらく石と一緒に太陽の光で暖まって、それから道に戻ろうとして、何気なく自分が乗っかっている大きな平たい石に目を落としたとき、びっくりして飛び上がった。その表面にはうすくなって消えかけてはいるが、十字の印と文字が刻まれていた。お墓の石だ！　冗談ではなく、靴の底が3センチくらいは浮いたと思うが、飛び上がったあと、どこへ着地すればよかったのか。つまり、自分が乗っている石を避けたとしても、辺りにぎっしり、ほぼ隙間なく敷き詰められている石たちはすべて、誰かの名前を彫り付けた墓石だったのだ。それがわかってからは、石と石の継ぎ目の辺りを用心深く辿って（要するにお墓をもろに踏まないように気をつけて）柵の外に出た。そうか、教科書に出てきた「平たい石」には石版（古代の墓石）としての用途もあって、

ただの道端のごろごろ石とは違う、アイルランドでは
この石の意味を知っておかなければ、ということだっ
たのですね…。

　探索の足は、南東の浜から離れて少し島の内部に戻
り、次いで、そのまま行けば村の方角に向かう道をそ
れて、北東方向に向かう道に曲がる。そういえばこの
島の案内パンフレットに、おそらく新石器時代か青銅
器時代ぐらいに遡る石の古墳があると書いてあった、
と思い出したのだ（さっきの教会の墓地はもちろんそんな
に古くない、だって少なくともキリスト教の時代のものだか
ら）。

　さて、一本道、両側には何もない。建物も畑も牧草
地も何もなくて、だれもいない。るいるいと岩畳がひ
ろがっているだけ。左側のある場所から柵が現われた
が、柵のむこうも同じような岩畳。通り過ぎて、その
ままどんどん歩いていったら、はるかむこうに見えて
いた海がだんだん近づいてくる。歩いている時間と、
歩いた距離がまったく計れない。どれくらい歩いた？
むこうから男の人がゆっくりやって来る、あの人にた
ずねてみよう。

　──すみません、この辺に古いお墓があるっていう
ことですが…

——お墓？　…あぁ、モシャモシャモシャのことかい？

　——え？？？

　——あっちだよ、と Nam がせっせと歩いて来た方角をさして、柵がしてあるが、押したら開く。入っちゃいけないんじゃなくて、羊が出ないようにだ。出入りしたら閉めておけばいい。

　やっぱりあそこか…でも何もなかったけど…まぁでもこのまま道を続けたら、海辺に出てしまうのは確実…。

　——ありがとうございました！

　回れ右。

　やれやれ、直感に従っておけばよかった…柵までもどる。さっきの教会の柵も開いていたから入ったら、なかは禁足の聖地だった。人はいなかったけど、神様は見てたかも。この柵は？　用心深く足元、もう少しむこう、と見わたしてみたが、ここのはただの岩畳、平たい石だが、どう見ても石版（ステラ）ではなく、なにか彫ってあるかわりに無精ひげみたいに苔のたぐいが張りついている。

　えーと、柵のなかに入ったけど、こんどはどっち向いて歩けばいいのかな？　ちょっと先に、平たかった

りとがっていたりする石がいくつか、一見散乱している上に、大きいテーブルくらいの平たい石がちょっと傾いで乗っかっている。テーブルの、下がった方の端は、地面についている。もしかして、あれ？　そっと近づいて、腰をかがめて、ためつ、すがめつ。ぐるりを回って、辺りを見回して、そっと触れて、とても不安定な形だけど、びくともしないと確かめる。やっぱり、これか。平たい石の蓋をした古い墓所。形は崩れているけれど。ダブリンから行ったニューグレンジでは（あれも石器時代より古いといわれる古墳だが、もちろん規模も大きく、周辺は整備されて、その区域内はガイド付きでなければ立ち入り禁止、なにしろ世界遺産！）見学者はぞろぞろガイドについて歩いて説明を聞いて、あちこち触ると叱られていた。もちろんあれとは比較にならないが、ここイニッシュ・マーンにも残る古代墳墓。キリスト教なんかが入ってくる前に島にいた人たちのお墓、なんの目印もなく案内もなく、辺りの岩畳とほぼ区別つかず、ほうっておかれて4000年（だったっけ？）、島のパンフに載ってはいたが、見つけるのもなかなか困難で。まぁこれが、この島なんですね。

　ありがとう、そっと柵を開けて、出て、それから閉める。羊が出ないように？　って、羊なんかいないよ、

152

平たい石のお墓には。羊の食べる草がないもの…。

　その日、宿に帰ってからパンフレットを見直してみ
たら、やはりあの崩れた石組みの大きな平たい石、斜
めに傾いだ不安定な形の写真が載っていた。"Leaba
Dhiarmada 'is Ghrainne" と記されていた。「モシャ
モシャモシャ」は、これだったのだ。英語の解説には、
楔形回廊式墳墓、アイルランドには新石器時代から初
期青銅器時代にかけての巨石によるこのような墳墓が
たくさんあります、と書いてあった。せめて「新石器
時代のお墓・腰かけてはいけません」ぐらいのこと書
いたプラカードかなにか、傍に立てておいたらいいの
に…。

　島で一軒だけの店でもらったそのパンフレットを改
めて見ていて、さらにもうひとつ面白い発見をした。
　やはりアイルランド語教科書の読解問題にあった
「日記」というタイトルのテクストに、an Spidéal（ア・
スピジェール）という地名が出て、そこは良いところだ
と書いてあった。勉強していたときは何の意味ももっ
ていなかった地名だが、そのパンフレットの地図を眺
めてわかった。An Spidéal というのは、案内図によれ
ば、ゴールウェイからアラン島、それもイニッシュ・

マーンに直接行くフェリーが出る港があった町なのだ。教科書のテクストも古いが（40年くらい前だっけ？）、たぶんこのパンフレットの情報も同じくらい古い。ほとんど変わっていないからなんの不都合もないのだが、わたしたちが初めて島に行った2012年には、すでにフェリーの発着場所は、イニッシュ・マーン行きもこの町ではなく、さらに西の、イニッシュ・モア行きと同じ港、ロッサヴィルという町になっていた。地図で見ると、ロッサヴィルの港は海岸から少し入り込んでいるので、そこまで行ってしまうとアラン島は見えなくなるが、an Spidéal は南に開けた海岸に位置しているから、天気がよければアラン三島が全部見えるだろう。その日の「日記」には、「風雨が強くて、見えるのは海と岩だけ、島々 na hoileáin はまったく見えない」とある。この、複数定冠詞 na のついた見えない oileáin「島（複数）」は、間違いなくアラン三島だ。

　初めてアイルランドに行ったときには、そのような位置関係はまったくわからないまま、ゴールウェイからロッサヴィルまで、バスでゴールウェイ湾沿いの道を揺られて行った。そのとき景色を眺めながら、おもわず「あ、ここで死にたい」とつぶやいたのが、自分でもわけがわからないながら、忘れられない記憶だが、

それはたぶんこの an Spidéal の辺りだったと思う。何がそう言わせたのか、いまとなっては思い出せないが、それが「ここに住みたい」ではなく、「ここで死にたい」だったのを我ながらおかしく思う。

　ところで、以上の、島（および周辺）での話には、ヒマにあかせて辞書とたわむれていて驚いた後日談がある。

　まず、"Leaba Dhiarmada ʻis Ghrainne"。

　あのモシャ・モシャ・モシャはそれぞれ大文字で始まっていて、Wedge Gallery Grave なんていう、考古学の専門用語みたいな英語の説明もあったから、島では（遺跡としての扱いはともかくとして）それで一応納得した。さて、帰国してからの徒然に、このいかにもいかめしい「モシャ・モシャ・＆・モシャ」を、あらためてアイルランド語の大きな辞書で調べてみることにした。最初の〈leaba〉の項で、早速この大文字の3語連続の言い方を発見した。専門用語として、パンフレットの英語訳とどちらが正式なのかはわからないが、"ancient passage grave"（古代羨道式墳墓？）とある。ナルホド（…って、それがどういうものかちゃんとわかったわけではないが、フム、やっぱりこんな、辞書に載るような決まった呼び方があるんだ、という納得）。…ところが、いか

めしく見えるアイルランド語の「モシャ」を、ひとつ
ひとつ調べてみたら、全部ごくふつうの語で、

　　leaba は「ベッド」

　　diarmaid は「普通の人（つまり庶民）」（「〜の」となる
からちょっと形が変わる）

　　grainne は「穀物、粒」（これも「〜の」の形）（間の 'is
は英語の and）

　　…ナンダヨ（ちょっと立ちすくむ感じ）。アイルランド
語のほうには「古代」も「墓」も「通路」も、何もない。「人
と穀物の寝床」…ああ、しかし、人と穀物が眠りにつ
く場所、とは…なんと良い言い方であることか。古代
の人たちは、亡くなった人の永遠の旅路の糧に、一握
りの穀物をそっと入れてあげたのだろうか。もしかし
たら、"and" で結ばれたふたつの名詞「普通の（小さい、
という意味もある）人」と「穀物とか種」は、同じもの
を指すのかも（名も無き庶民を穀物の一粒一粒にたとえて言
い換えたのか？）とも思うが、どちらにしても、「小さ
き命」の眠る場所だということ。

　　穀物は、長い眠りについていても、地に蒔けばまた
芽を出して花を咲かせ実を結ぶだろう。人は…ひとは
どうだろう？　肉体はともかく、精神は、もしかした
ら、再び芽吹くかもしれない…かなあ？

やっぱりプラカードなんか立てないで、そのままにしておくほうがいいかもしれないね。誰かがやってきて、天気がよければ、ちょうどいい傾き具合だとそこに腰をおろしたり、ちょっと横になってうつらうつらするのに恰好の場所ともいえる。なにしろ「寝床」なのだもの。わたしたちは「古墳」などというとついついやんごとない方面のお墓かと思ってしまうけれど、ここは「普通の人」の終の臥所。「あなたは昨日のわたし、わたしは明日のあなた」なんて旧い墓碑銘をどこかで見た（読んだ）けど、いや、そんな謎みたいなややこしい文言も不要、斜めに傾いだ平たい石は、誰かがその下で、誰かがその上で、のんびり憩うベッド…この島のお墓は、このまま静かに置いておきましょう…。

　そしてもうひとつのビックリは、An Spidéal。
　スピジェールというただの地名だと思っていたが、固有名詞なのに定冠詞がついているのがふと気になった（ちなみにイニッシュ・マーン・パンフレットのやややい加減な!?　手描きの地図には、教科書の表記にあった定冠詞 an がついておらず、ただ Spidéal とだけ記されていましたが）。あまりたくさんはないけれど冠詞つきの都市名（たと

えばル・アーヴルとか、デン・ハーグとか）は、もともと「港」とか「垣根」とかいう意味のある普通名詞に定冠詞がついて、冠詞ごと都市の固有名となっている。では、普通名詞の spidéal って？

　かくしてまた、辞書と遊ぶ。いちばん手軽な Irish-English には載っていない。「アイルランド・ゲール語辞典」にも載っていない。では、"Leaba Dhiarmada 'is Ghrainne" が載っていた辞書はどうか？　この辞書は分厚くて重たいから、開くだけで時間がかかる。目当ての単語にたどり着くのに時間がかかる。細かい字でぎっしり記述があるから、読むのに時間がかかる（老眼鏡のほかに虫眼鏡をさがさなくちゃならないし…）。解説の英語の意味がわからなくて、英和辞典をひかなきゃならないからさらに時間がかかる。やれやれ…、えーと s…sp…spi…d…de…al　あった‼　説明はただ一語、"hospital"。Hist. の注記がある。古い語だ。英和辞典の必要はなかった。

　またもやしばし、ボーゼンとする。

　そういえば英語の hospital にあたる近・現代（？）アイルランド語は ospidéal。語の成り立ちは知らないが、仮に語頭の "o" を前置詞（英語の from）と考えると、「病院」とは「スピジェールを起点とする（から始まった）」

場所という意味の語なのかも、と、妄想が拡がる（正確に言えば、前置詞は "o" ではなく "ó" だから、やはりこれはおなじみ Nam さんの、妄想、牽強付会もいいとこ話、だと覚悟のうえ、次にお進みください…）。

　ゲール語が今の形になるよりもっと旧い時代、ここ（スピジェール）は病苦を抱える人たちが来る場所だった（のだろう…）。海と大気と地の緑と…ここは癒しの力のやどる場所だったのだ。ここでしばらくの期間を過ごし、再び心身の健康を得て、人々は家に帰る。なかには病が重くて亡くなった人もあっただろうに、って？　そりゃもちろんそう、どうやったって永遠に生きる人間はいない（モーリヤもそう言ったね…）。でも「ここで死ぬならいい」って思える場所だったんじゃないかな、スピジェールは？　それが寿命なら、人は安んじてこの世を去る。そして死は究極の癒し──この国の人たちはそれをよく知っているからね。

　地名も何も、一切知らずにそこを通ったときにふいと浮かんだ「ここで死にたい」という想念。たぶん、地名の言霊はなにかの作用をしていたのだ。

Otto　[ɔ́to]　**オットー**

　彼は民宿〈An Dún〉のサロンの一隅に坐って、お茶を飲みながら本を読んでいた。だんだん強くなる風雨を避けて、散歩から宿に帰ってきたわたしたちも熱いお茶を淹れ、部屋には三人だけだったので、ポツリポツリと話が始まった。

　彼はドイツのハンブルグから来たと言う。それを聞いて、子どもの頃の変な記憶が蘇った。その頃、ドイツの人に日本語を教えていたわが父親が生徒の書いた日本語を添削している傍らで、まだ朱の入っていない作文用紙をそっと盗み見していた。「ドイシ入、ハンバーグより」——「シ」が「ツ」で、「入」が「人」のマチガイだとはすぐわかった（当時、自分もそのようなマチガイをやっていたからだ）が、「ハンバーグより」てなんだろ、と思った。ひき肉と玉ねぎをこねて小判型にして焼いた、あれ？　ドイツ人はハンバーグより…なにが好きなんだろ、ステーキとか？　幼少時の未解決問題。

「オットーといいます」と、自己紹介されてまたまた妄想が記憶の彼方からわきあがる。〈オットーと呼ばれるドイツ人〉て、あったな…え？　…ちがう、あれは〈オットーと呼ばれる日本人〉という芝居だった。

…そう、中学生（だったかな？）にはチト難しかった舞台の記憶。国籍不明の名前のヒトたち、オットー（でも日本人）とか、ジョンスンというアメリカ人（でもほんとはドイツ人？　え？　ロシア人？）とか、宋夫人（と呼ばれているけどアメリカ人）とか…戦争、スパイ、検挙、拷問…コトの詳細は理解不能、…でもどんどん不穏になってゆく雰囲気にドキドキ、そのうち意味のわからんセリフ劇についていけなくなってついとろとろ居眠り…突然轟きわたる太鼓の音に飛び上がった！　舞台の前面にずらりと並ぶ、数人の男たち。同じ陣笠、同じ灰色の囚人服、そしてみな同じように昂然と胸の前で腕を組んで、立つ。2度目の太鼓が轟いて、同時に照明が消え、劇場内は真っ暗に。まだ太鼓が鳴ってると思ったら、ドンドン打つ自分の心臓の音だった。しばらくして客席のほうにだけ明かりがつき、舞台はからっぽ。パラパラと拍手が起こったのは、やっとそのときだ。拍手はだんだん大きくなったが、舞台には誰も出てこなかった。それはそうだ、みんな処刑されてしまったのだもの…。
　（あの芝居のもととなった「ゾルゲ事件」、約80年間、歴史の闇のなかに葬られていたけれど、2022年のいま、その検証がニュースになっている。歴史はくり返す。戦争が起り、スパイ・

諜報合戦が暴露される。泉下のジョンスン〔ドイツ人・リヒャルト・ゾルゲ〕とオットー〔日本人・尾崎秀実（ほつみ）〕、顔を見合わせて苦笑していることだろう…）

　イニッシュ・マーンで会ったオットーは、穏やかで控えめな（感じの）ドイツ人。働き盛り、三十代後半くらいか？　都会暮らしに疲れると、ときどき、ひとりこの島にくるという。観光客があまりいなくて静かだから好きだと。おたがいに英語は外国語だから、ちょうどわかりやすくていいね、とニッコリ。ところでぼくはここに来ようと思えば簡単、3時間もあればじゅうぶんだけど、日本からだと遠いね、え？　15時間もかかる？　驚きだな、そんなに時間をかけてアイルランドに来るなんて‼

　──逆に、アイルランドから日本に行って、日本人になって日本で死んだ人もいますよ、とRyo。

　オットーはそのヘルン氏のことを知らなかったと驚き、話題はしばらくラフカディオ・ヘルン（ハーン）、日本名コイズミ・ヤクモのことで盛り上がり、ついで、ムカシバナシの幽霊とか霊魂、精霊や妖精のことに移る。ここアイルランドでは昔いたたくさんの神様たちが、キリスト教の強い神様に負けて地下にもぐり、人をだましたり化かしたりする妖精になったそうだ

ね、とか。そういえば、と、オットーはスマホで撮った写真を見せた。宿のごく近くにある教会のステンドグラスに記された数語――"Cónaigh / A Íosa / I mo chroí"

　　――これ、英語でもラテン語でもない、何語だろう？

　…アイルランドではたとえ国の大半で英語が使われているとしても、その第一言語はアイルランド語。アイルランドが好きで、とりわけこの島が好きで、休みが取れると気軽に来るというのに、このことばについて宿のひとにたずねたことはなかったのかな？

　ヨーロッパの辺境の小さな国、長いあいだ英国の支配に苦しみ、自分たちのことばすら奪われていた、アイルランド。それでもその歴史は古い。はるか東方で生まれてこの西の果てまでやってきたヤソさまに、古代の神さまたちは早々に場をゆずったが、この地の精神はそうやすやすとローマの中央権力に従わない。なにしろ頑固。絶海の岩のてっぺんで鍛えた精神力。アイルランド語が第一のことばであるかぎり、祈りのことばはローマのラテン語でもカンタベリーの英語でもなく、この地のことばで（たとえ書かれたことばを読めるひとがいないか、ごく少数だとしても）――「いませ／主よ／わが心のうちに」。

163

(オットー、あなたの国のマルチンなんとかっていう人も、祈りは国のみんながわかるように、ってドイツ語の聖書を作った、そこにローマとは違う、いまのお国の宗教の基があるのでは？…なんて余計なこと、彼には言わなかったけれど。そういえばドイツのマルチンて、英国ではマーティン、アイルランドではモールティーン Máirtín この島でシングの案内役をつとめてくれた青年の名前だ！）

　夕食後、わたしたち泊り客、宿の家族、と、ちょうどやって来た近所の人も加わっておしゃべり。主人はこの島の生まれで（いまでは数少なくなった）アイルランド語のネイティヴ・スピーカー、女将さんは町から来たから、アイルランド語は、わかるけどあまりうまくは話せない。だから、ダンナが幼な友だちとワイワイしゃべってヨタをとばすのを、あまりいい顔しない。ダンナは面白がってますます早口でしゃべりまくり、なにかあまり上品ではない冗談を言ったらしくてふたりの男たちは笑いころげ、女将さんは、ったくしょうがない男ども、とウィンクして皿を台所に下げる。ダンナは東方からの客人に向かって少しまじめに、彼の産土のことばを伝授しようと試みるが、その努力は無駄に終わる。彼の口から出る土地のことばはひと言もわからない上に、英語にしてからが、しばらくは彼が

164

英語でしゃべっているということに気づかなかったくらい。あぁ、シングの感動の一端がわかる… その間オットーは、この陽気な島の漁師の高校生の息子をつかまえて、端正な英語で、話をしている。高校を卒業したらどうするのか、父親のように漁師になるのか、島を出て進学とか就職をするのか？ 息子は（父親とちがい?! 真面目に）頬を赤くしながら答える。

　　── ゴールウェイの大学に行こうと思っています。ゴールウェイの大学は…

　　…何かでとても有名だそうだが、そのときは傍で話を聞いていてへーぇと思ったが、忘れてしまった。父親の漁師は相棒とウィスキーをぐいぐい飲っていた。女将さんが出てきて

　　── アンタ、もういい加減にしなさいよ

　　── いいんだよ、明日は時化るから仕事はなしだ！

　　── あれ！　と、女将さんはオットーに、どうかしら、明日の朝の船、出るといいけどね…かなり揺れるよ

　　オットーはそそくさと立ち上がる。

　　── じゃあぼくは、荷物をまとめて今夜は早く寝なくちゃ！　そしてわたしたちに、知らなかった文学者のことを教えてくれてありがとう、彼のように地球を半周して日本に行くことはないと思うけど、またいつ

165

か、ここに来たら会いましょう、明朝は早いから挨拶しませんが、お元気で、良い休日を！

　と、わかりやすい英語で言って握手して、オットーと呼ばれるドイツ人は退場となる。

siopa [s'upə] 店

　風が強くなってきた。出かけると言うと、宿の女将さんは、こう忠告してくれた。雨が降ってきたら、風がどっちから吹いているか確かめなさい、島では雨は上から降らない、風と一緒に横から来るから、その吹きつけてくるほうの石垣に身を寄せるようにすればあまり濡れなくてすむ、と。石垣は、平たい石灰岩をいくつもいくつも重ねて積み上げたもので、島のいたるところの土地や道を区切っている。畑や牧草地の薄い土の層が強い風にもっていかれてしまわないように、土地を囲うのだそうだ。島は基本的に大きな石灰岩でできているから、人間や動物たちの生命を支える植物を育む土は、その上にごく薄く積もっているだけの貴重なものなのだ。

　Ryo はあまり荒れてこない間に砦（ドゥーン）を見てくると言って道からそれて登って行く。シングはわたしたちの宿の〈An Dún〉の隣にある民家に滞在して（それは〈シングのコテージ〉と呼ばれている）、道を隔てて向かい側にあるこの古い石の砦がお気に入りで、よくそのてっぺんまで登って小さな島の全体、瀬戸を挟んだ隣の島、湾の向こうのゴールウェイの町などを眺めたらしい。

167

行きたいのはやまやま…だが、こんな天気に、しかも足に自信のない Nam は平らな道をとぼとぼ歩き続ける。

　雨も降ってきていて、石垣のほうに寄ってはみたものの、石垣はそんなに高くないから、身をぴたりと寄せてうずくまるのでなければ雨はしのげない。やっぱり濡れる。右手前方に建物が見える。そばまで行くと看板に SIOPA ／ SHOP と書いてある。その下に OIFIG PHOIST ／ POST OFFICE とも書いてある。アレ？　こんな店、前に来たときあったっけ？　いったい何の店？　しかも郵便局って?!　…そうか、前はたまたま日曜日、島に一軒の PUB と、いつも開いている教会のほかはどこもかしこも全部閉まっていて、昼食にもありつけずに情けない思いをしたのだった…とにかく平日の今日は開いているし、中に入れば雨宿りにもなるだろう。
　建物の横手のドアを押して中に入る。だれもいない。小さい店で、一隅に食品（菓子類やパン、飲み物、果物なんかも）、別の一隅に文具や事務用品、絵葉書や紙類、さらに別のコーナーには本や雑誌類。要するによろず屋。そういえば、日本でも昔、田舎にはこんな店が必ずあった、というか、こんな店しかなかった。「〇〇屋」

（本屋、菓子屋、酒屋、果物屋、八百屋、魚屋…）ではなく、「店」と言えば、そこを指した。たいていのものはそこで用が足りた。不便だけど、便利だった。この島が何か懐かしいのは、時計の針を逆回しした空間がそこにポッと存在するからだろうか…　レジ・カウンターの奥の一隅が「郵便局」らしく、格子のはまった「窓口」がある。が、閉まっていて、中にはだれもいない。

　突然ドアが乱暴に押し開けられて、4、5人の少年たちが騒々しく入ってくる。ねぐらに帰ったすずめの群れ。やかましい。その音に反応して、レジの奥から、度の強い眼鏡をかけた中年の女性が顔を出す。少年たちは手に手に好みの飲み物をもって、ピーチクさえずりながら次々にカウンターで勘定を済ませ、また一斉に雨のなかに飛び立って行く。ひとり残ったNamに、女性は肩をすくめてみせ
　　──ニギヤカだね！
　　──この島の子たちじゃない？
　　──ちがう、アイリッシュのサマースクールに来ているのよ
　　──あぁ、そういえば宿のレストランでお昼食べてた子もいた
　　──…でしょ？　夏の間、しばらくウルサイよ！

——それで、と、選び出した何枚かの絵はがきとリングノートと色えんぴつをカウンターに並べながら訊いてみる、郵便局はここ？　切手がほしいんだけど…

　——ん、と彼女、レジを打ちながら、いま、係りの人、昼食に帰っていて窓口閉まってる、明日でいいじゃない

　手を止めずにしゃべりながら、〇〇ユーロ、と勘定を言う。払う。

　——だって明日も来るでしょ？

　——え？　あぁ、まぁ、来る、でしょう…

　——じゃあ、それで問題ない。はい、これね… あ、これじゃ濡れるか、二重にしておこうね

　彼女は商品を入れた袋を一回り大きなポリ袋にいれてくれた。

　——ありがとう、じゃあ明日！

　——オーケー、バイバイ！

　終始、ニコリともせず。あたかも親戚のおばさんかなにかを相手にしているように。少し毒気を抜かれて SIOPA を出る。風雨は収まる気配なし。宿に帰ることにして、来た道をもどり始めると、前を歩く人影が。おや、こんな天気にうろついている酔狂な人もいる、と思ったら、砦目指して登っていったはずの Ryo

だった。上まで行ったが砦の入り口がわからず、あきらめて、やはりもどる途中。けっきょくそろって宿に帰り、濡れて重くなったレインコートをぬいで、冷えた体を温めるために、熱い紅茶を飲むことにした。

smuigléir　[smig'l'e:r']　密輸人

　世界遺産〈スケリッグ・マイケル〉の岩礁に行く
ために「凪待ち」をした小さな漁港ポートマギーに、
〈Smugglers' Café〉という店があった。「カフェ」とい
うけれど、簡単な食事も出すし、テイクアウトの料理
もいろいろ並んでいる。〈Fisherman's Bar〉で伊勢え
びを食べないときは、そこで昼をすませたり、宿で食
べるものをみつくろって、お弁当みたいに詰めてもら
ったりした。店の名前「Smuggler 密輸人」が気にな
っていたが、波止場にあったパネルを読むと、この港
町の名前（Portmagee / Cuan an Chalaidh ポートマギー / ポ
ート・ヘイヴン）の由来と、その店の名づけの関わりが
わかった。

　ボイン河の戦い（プロテスタントの英国王ウイリアムⅢ
と、名誉革命で国を追われ、王冠奪還を目指すカトリックのジ
ェイムスⅡがダブリン近郊のボイン河で闘い、国王側が勝利、
ジェイムスはフランスへ逃亡）のあと、苛烈さを増した英
国の支配下にあって、18 世紀のアイルランドは重税
にあえいでいた。国内の産物、外国貿易の利益、ほと
んどが税として英国に吸い上げられて、アイルランド
はひもじい思いをしていた。

ボイン河でジェイムスⅡの兵として戦ったテオバルド・マギーは、敗戦のあと、フランスやポルトガルとの貿易に従事した。「貿易」と言えば聞こえはいいが、ダブリンやコークなど、税吏の監視の厳しい大きな港ではなく、大西洋に面したこの小さな漁港に目をつけて、複雑な岩礁だらけの長い海岸線のせいで取り締まりが困難なことを幸い、フランス産ブランデー、お茶、高級織物、タバコなど、高い関税のかけられた物資をこっそりと荷揚げして、利益を大英帝国税関からくすねた。つまり、密輸人になったのである。密輸で巨額の利益を得、地元の名士の娘と結婚もしたが、末路はポルトガルに流されて終わった。しかしお上の監視の網の目をくぐりぬけた所業にはやんやの喝采、また密輸品のなかには、塩、肉、小麦など生活必需物資もあり、税吏の目を逃れたそれらの食糧は、安価に地域住民の腹を満たした。船は密輸船、船長は密輸人と呼ばれるが、漁村の住民たちにとっては飢えから救ってくれた救世主だった。密輸船が停泊・荷揚げの根拠地としたこの漁港は船長の名にちなんで「ポート・マギー」と呼ばれるようになったそうだ。

　なぜ「密輸人」という名づけが気になったか？　もちろんこのいささか不穏当な名前は、人がくつろいで

時を過ごす場であるカフェの名としてふさわしいか、という一般的な不審の念でもあるが、それよりも、いつか見た同名のタイトルの一本のドキュメンタリーフィルムの記憶が甦ったこともあった。正確にはフィルムのタイトルは〈Knygnešiai / Smuigléirí Leabhar〉、前はリトアニア語、後ろはアイルランド語。英語のタイトルは〈Book Smugglers〉、つまり「本 - 密輸人たち」。リトアニア語は1語でこの行為者（たち）を指すようだ。リトアニアの近代史（19世紀）において非常に重要な役割を果たしたこれらの「本 - 密輸人たち」の行動の意味を探ろうと、約150年前に国境の河を渡って本を「密輸」した密輸人たちの軌跡を、アイルランドの若い詩人とリトアニアの舞台演出家がたどった記録フィルム（Jeremiah Cullinane監督、2010）である。

　リトアニアは北のバルト海に面した小さな国。帝政ロシアの一部だったが、ロシアとは宗教も言語も異なる、古いバルト系民族。19世紀半ばにこの地域で農民解放を求めて起こった武装蜂起のあと、ロシアの弾圧、ロシア化政策は過酷をきわめ、リトアニア語の本や雑誌は一切出版できなくなり、ラテン文字の使用も禁止された。禁止されればかえって燃え上がるのが抵抗の精神、リトアニアの人びとの解放への希求はいっ

そう強くなる。ネーマン河を自然国境とする隣国、プロシアの町ティルジットに印刷工房を開き、リトアニア語の本・雑誌・種々のパンフレットなどをどんどん印刷した。それらは船で対岸のリトアニア（当時はまだ「国」ではなく、ロシアの一地域だった）に運ばれ、受け取った現地の住人たちは、それらの本や印刷物を、二重底の木箱に隠して背負ったり、腹に巻いたり、だぶだぶの上着やズボン、長靴のなかに隠したり、馬車の積荷に紛れ込ませたりして、自分たちが住む地域にひそかに持ち帰り、住民たちに配った。そうやって法を犯し、危険を冒して、彼らは自分たちのことばを、文化を守ろうとした。見つかって逮捕されたり拷問されたりした人たちも多かった。シベリアに流されて死んだ人たちも。が、リトアニア人はロシア化の重圧に屈せず、自分たちのことばを守り通した。違法に本を運んだ人たちは、敬意をこめてクニグネシェイ Knygnešiai と呼ばれた。本 - 密輸人たち。

　　アイルランド人のゲロードは、リトアニア人のアルベルタスとともに、砂利運搬船に乗ってネーマン河を下る。リトアニア側から対岸に渡って、印刷工房のあったところに行こうとしている。アルベルタスが言う。
　　──昔は、あっち（左岸）はプロシアで、こっち（右

岸）がロシア…

　——うん？　と、ゲロード。

　——いまは、あっちはロシアで、こっちはリトアニ
ア

　——…えーと、プロシア（左）・ロシア（右）…それ
でいまは、ロシア（左）・リトアニア（右）…じゃ、プ
ロシアはどこへ？

　——消えた

ややこしい。本‐密輸人たちが河を往来していた頃、
河はプロシア王国とロシア帝国の自然国境だった。そ
の後、プロシアはドイツ帝国に、ロシアはソヴィエト
連邦になり、さらに２度の世界大戦とソ連邦崩壊を経
て、いまふたりが渡るネーマン河の右岸は完全独立を
果たしたリトアニア、左岸はロシアの領土（またロシ
ア、だが今は帝国ではなく連邦共和国、そしてそこはロシアの
小さな飛び地）となった。かつてのプロシアの町、ティ
ルジットはいま、ロシア共和国カリーニングラード州
ソヴィエニツク市。戦争でほぼ壊滅した市街はすっか
り新しくなり、リトアニア語の本や雑誌が印刷された
建物は跡形もない。リトアニア語はいま河の向こう側
で話されており、ここではロシア語が話される。いっ
たい何なんだろう、国境って？——英国領北アイルラ
ンド・ベルファストに住み、アイルランド語で詩を書

くゲロードは、きっと身につまされて、ひそかにこう自問していたろう。

　密輸人たちの跡をたどって向こう岸（かつてプロシア、いまロシア）からリトアニア側に戻ってきたふたりは、当時の上陸地点であった森の入り口に、密輸人たちの名前を刻んだ銘板を見出す。大勢の名前が刻まれています、が、実際にはもっと多かった、中には捕えられ遠方へ送られて、名前も行方もわからない人たちもたくさんいた、と、案内人。その森の1本1本のオークの木は、彼らを記念して蒔かれた実から育ったものだ、と。いま、その上陸地点は、内陸へと続く森、巨大なオークの森のなかにある。

　「それらの実は、本‐密輸人たちを忘れないために蒔かれた…」と、詩人のゲロードは、とりわけ巨<ruby>大<rt>おお</rt></ruby>きなオーク「ビエリニス」の幹に手を当てて呟く、「だが、彼らは、運んだ本によって教育の種を蒔いていたんだ、そして彼らの遺産はいまも成長し続けている」（本‐密<ruby>輸人ビエリニス<rt>シェイ　　　クニグネ</rt></ruby>はロビンフッドみたいに有名なのさ、と、リトアニア人の古老が語っていた、そして何本かの古い巨木には、それがだれの木なのか表示がある）。「森のことばは茂ってゆく／ひとつひとつの語が太陽に向かって手を伸ばす

／（…）／根はふたたび目覚め／知識の葉っぱたちが
ささやく／ふさわしいことばを見つけようと歌うよう
な声で／／神のことばを背負って行く本 - 密輸人／太
陽の光を袋にいれて運ぶ本 - 密輸人（…）」——森を歩
きながら、若い詩人は自分のことば、アイルランド語
で呟く。彼の胸には、圧倒的に強い宗主国のことばを
ついにはね返して独立を勝ち取ったこの国に比べ、独
立はしたが今に至るも言語、宗教における埋み火のよ
うな対立を抱え続ける自らの国、その固有のことばが
もう樹木の葉のように茂ってはいかない民の悲哀が兆
していただろう。

「国」とは何？　「国境」によって分かたれるものは？
絶対的に正しい「法」はあるか？　「法」を破る行為
はつねに悪か？　「国家」がそもそも不正な行為を命
ずるとき、「法」は…寝たふり？
　本来、法に背く不正の行為者である「密輸人」に、
権力の側にいない人びとが喝采を送り、力を貸す。理
不尽で巨大な圧力へのささやかな抵抗。
　マギーもビエリニスも、そうして名前が地名や歴史
に残った。

teach [t'ax] 家

　その「家」は、島のだいたいまん中にある。ゴール
ウェイからの船が着く、北の船着場から歩いて 30 分
ぐらいか。「小さな船着き場に上陸すると、そこから
村まではでこぼこ道を上って行く。両側は小さく区切
られた草地と、アランモア島でも見られるような、殺
風景な平たい岩畳」と、シングは書く。100 年以上前
のことだ。たぶんその光景は、いまもあまり変わって
いない。「殺風景」だった岩畳のいくらかは、岩と岩
の間に入りこんだり上に積もったりした砂や埃や土の
なかに根を下ろした草花が枯れてまた土壌となり、畑
や牧草地に姿を変えているだろう。わたしたちが辿る
その「でこぼこ道」の両側を区切る低い石垣の下から
は緑の草がモサモサ顔をのぞかせ、夏のいま精一杯花
を咲かせて目を楽しませてくれているが、シングはこ
んな風景は見なかったかもしれない。
　たどり着いた「家」の扉は閉まっていた。案内
板に〈Teach Synge〉（シングのコテージ）。シングは
1898~1902 年の夏、5 度にわたってこの家に滞在した。

　2012 年 8 月、わたしたちはシングの紀行『アラン島』
に導かれてこの島にやってきた。その「家」を見たく

て、地球を半周してやってきた。「家」は見つかった
が、人の姿はない。家のなかにも、外にも。そういえ
ば、船着場からここに来るまで、ひとりの人にも出会
わなかった。船から降り立った何人かのなかには、島
びとではないらしい姿もあったと思うが、どこに行っ
てしまったのだろう？

　低い木の門扉に紙切れが貼り付けてあった。雨にさ
らされて薄くなって読みにくい手書きの文字で、「用
ノアル人ハ電話クダサイ」、そして電話番号。…この
メッセージ、有効期限切れていないのか？　読む人
が電話を持っていることを前提に書かれているのか？
100年経ってもほとんど風景が変わらないような、西
洋の最果ての小さな島で携帯電話とは…しかし見回し
たところ（当たり前だが）公衆電話ボックスなんてない
し、当時まだ自分の国でも日常的には使い慣れていな
かった携帯電話だったが、それ以外に方法がないとな
れば背に腹は変えられぬ。とても通じるとは思えなか
ったがダイヤルしてみる（…この表現は古いなァ…）…当
たり前に呼び出し音が鳴り（ウソみたい）、年配らしい
女性の声が応えた──10分待ってください、行きま
す、と。待つほどもなく、道からではなく、家の裏の
ほうからやって来て、家を開け、なかに招じ入れてく

れた。それがテレーサ Treasa だった。暖炉の前でいろいろ話してくれた。シングが滞在したときに世話をしたのは彼女のお祖母さんだという。紡ぎ車が暖炉の向かい側に置かれ、お祖母さんが織ったというショールが壁にかかっていた。

「家の端<ruby>端<rt>はし</rt></ruby>にぼくの部屋がある。床も天井も板張り。向かい合った窓がふたつ。次が台所。床は土間で、天井は梁がむきだしになっている。外に向かう扉がふたつ、向かい合う位置にあるが、窓はない。その向こうは、台所の幅の半分の小部屋がふたつ。それぞれに窓がある」（シング『アラン島』）——シングの部屋はベッドや机なども当時のまま。まん中の暖炉の部屋（台所、とシングが呼んでいる）も古い揺り籠とか、生活で使われていた道具までそのまま保たれているが、反対側の、窓があって明るい小部屋にはいま、シング関係の資料、原稿、手紙、写真、本などが展示されている。テレーサはそのなかから 1 通の手紙をとりあげる。紀行『アラン島』でマイケルとして登場するモールティーンが、シングに宛ててゲール語で書いた手紙。その最後のところを読んでくれた。

"Caithfidh muid a bheith sásta mar nach féidir le
aonduine a bheith beo go deo."

（ぼくたちは満足しなければなりません、だって永遠に生きる
人はいないのだから）

　驚いた。これはシングの戯曲「海に騎りゆく者たち」
の最後、夫と息子たちすべてを海に取られた老いたモー
リヤの台詞そのもの。テレーサはうなずいて、

　――そう、若者が海で溺れるという（この島ではめず
らしくない）出来事があった後でモールティーンが書
いてきた手紙の一部を、シングはその出来事を基にし
て創作した作品の終わりに台詞として使ったんです…

　芝居は創られたものであっても、その核には、悲し
み、怒り、苦しみ、後悔、諦めなど、島人たちの抑え
られた思いがふつふつと滾る。岩の割れ目からときに
噴き出すマグマのような、その生の感情の吐露より
もすぐれた表現を作家は見つけられない。残された
老母の口から発せられる、"No man at all can be living
for ever, and we must be satisfied."（だれも永遠に生きられ
はしない、だからわしらも満足せねば）というこの台詞は、
芝居を観る（戯曲を読む）者の心に強く刻印される。テ
レーサはゲール語の美しい旧い書法で、その文を旅の
ノートに書き写してくれた。

〈Teach Synge〉を去るとき、これから訪れてみたい
〈Cathaoir Synge〉（シングの椅子）の場所を尋ねると、

テレーサは丁寧に説明してくれたが、説明するのも理解するのも難しい。だって岩だらけの丘の上で、いくつかの岩の組み合わせを見つけようというのだから。テレーサはしまいに笑い出して、そうそう、と、名刺を1枚探し出し

　──電話すると島に1台のタクシーが来て、連れて行ってくれます、少し遠いし、港からはだんだん離れることになりますからね

　そして、

　──ちょっと冷えてきましたね、こんなに長く話しているんなら、泥炭を焚けばよかった

　──え？　8月に暖炉を？

　──よくありますよ、天気が悪いとね、そしてこの島の天気はしょっちゅう悪い。今日は晴れているけどひと気のない建物は冷えますね。ここにはトイレがありませんが、すぐそこの教会で借りるといい。大丈夫、この時間は誰もいないから…

　テレーサはわたしたちを送り出すと、いったん閉めたドアの上半分を開け（アイルランドの田舎の民家はドアが上下半分ずつ開け閉めできる）、身をのり出して、さよなら、と手を振った。外はまだ日が高い。この島でタクシーを呼ぶなんて!?（ねぇ？──だよね！）わたしたちは歩くことにしたが、その前にテレーサの忠告に従

い、教会へ。

　教会も teach。Teach an phobail（つまり、人びとの家）。
テレーサの言ったとおり、誰もいない。お灯明を上げ
て許しを乞う。御免ください、ちょっと小部屋を拝借
します。
　それから岩の椅子を探しに出かけた。

　見つけるのにはやはり難儀した。道を外れて柵を乗
り越え、るいるいと続く岩畳の上を崖に向かって歩き
崖に沿って歩き、〈Cathaoir Synge〉と彫り付けてあ
る石を見つけたときには足が棒。石積みは、難破船の
漂着物などを見張る島びとたちによって風よけのため
に作られた場所で、なるほど安楽椅子、すっぽりと身
を沈めると風が止む。イニッシュ・モールとの間の瀬
戸を望むこの場所に、シングは好んでやって来た。岩
の椅子に腰かけようが岩のマットに寝そべろうが、お
気に召すまま。邪魔するものは何もない。正面に北の
大島（アラン・モール）の黒い断崖、右手には真っ青なゴールウェイ湾、
左手は波荒い大西洋、目の下には切り立った崖、空に
はカモメ、と、シングは書く、鳥たちが交わすことば
はゲール語よりも簡単だ、と。同感だ。

184

瀬戸にはものすごい速さで潮が流れ込む。波の花が舞い上がり風に乗って崖の上まで到達する。…早鞆の瀬戸の潮流に乗り、戦乱を逃れ、外つ国にまで走ろうと目論んだ男がいたっけ…やはり小さな島々をもつ、それ自身も島国であるわたしたちの国の、800年以上昔の話、お芝居のなかの、話…。

　…いや、安楽椅子でボンヤリしていては、帰りの船に乗り遅れる。棒になった足は俄然ストライキ。朝ゴールウェイの宿を出てから何も餌をもらっていない腹も然り。テレーサにもらった番号を試してみるか？　小さい携帯電話はアラジンのランプ。テレーサを呼び出し、タクシーを呼び出してくれた。島で1台のタクシーが、わたしたちのために！　そしてこの島のタクシーは、乗せたお客の行き先も決めてくれる。夕方の船ならいまから行ったら早すぎる、パブでなにか飲んでたら？　船に間に合うように迎えに行くから。否も応もなくパブにほうりこまれる。島に1軒のパブは日曜日でもやっているのだ。県対抗のアイリッシュ・フットボールの中継をやっているテレビを囲んで、島の男たちが盛り上がっていた（こんなところに島の人たち溜っていたんだ！）。ゴールウェイが勝っているらしくて、カウンターのお兄さんも機嫌よく、おかげで温かいお

昼にありつけた。（まぁ、負けてるから冷めたスープ、なんてことはないだろうが…）

　そういえばアイルランド語では、パブも、teach。teach ósta（旅籠屋）とか teach tábhairne（居酒屋）とか teach óil（飲み屋）とか。

　6年経って再訪したとき、テレーサはもう、イニッシュ・マーンにはいなかった。ロンドンに住む娘に子どもが生まれ、娘たちと一緒に暮らすことにしたと書いてきた。〈Teach Synge〉を去るとき、次にあなたたちが来るときには（次に、と彼女は当たり前のように言った、それがあたかも当然予定されている出来事であるかのように…明日、また来るでしょ？　と言った「店」のおばさんのように…）そのときにはまた会いましょう、と言ったのは彼女だったのに。大都会ロンドンはテレーサに似合わない気がしたが、そうは書かず、お孫さんの誕生おめでとうと、飛び出す絵のカードを送った。

　〈Teach Synge〉、訪れるひとはもうあまりいないのだろうか。前庭の木々はうっとうしく茂るがままになって、道からはテレーサが手を振っていたドアが見えないほどになっており、古いけれどきちんとしていた

家も、なんとなく手入れが行き届いていないように見えた。宿の女将さんによると、いまはテレーサの兄さんが〈Teach Synge〉の管理をしているが、あまり開けてはいないようだ、と。アイルランド語の夏季学校は開かれているが、〈ollscoil na gaeilge〉（ゲール語大学校）と刻んだ銘版（「ゲール文化復興」の時代に詩人や学者たちがやってきてゲール語を学んだり民話を採集したりした、その記念だが、「大層な看板でね！」とテレーサは苦笑していた…）のかかった〈Teach Synge〉は、見学者もおらず、寂しそうだ。

tráthnóna　　[traːˈnoːnə]　夕暮れ

　アイルランド語は、文句なく難しい。

　とりわけその綴りをどうやって発音すればいいの
か、どうしても覚えられない。まず音から入るネイティ
ヴにとって、母語の綴りを正しく書くことが非常に
難しいのと逆の現象である。シングはアラン島のゲー
ル語話者たちに話を聞き、記録するが、その中のイニッ
シュ・モアで会った老人の話は面白い。老人は若い
頃に島を出て水夫として世界の海を航海したが、故郷
アイルランドを離れる前に、ダブリンにあるシングの
親戚の邸で酒をふるまわれたことがある、と話す。当
主は、目に知性の輝きを宿した若い水夫にアイルラン
ド語の本を与えたという。おかげで彼は、30 余年に
及ぶ外国暮らしの間も自分の母語を失わずにいられ
た、と。このアラン島で、999 まで英語を使わずに数
えられる人間は自分のほかにはいない、と、老人は自
慢する。たしかに、基数だけでも信じられないほど複
雑なうえに、いろいろなものの数え方となると、何を
数えるかによって言い方が違い、それぞれの数え方が
20 くらいまで、ずらっと表で出てくるともううんざ
りして、そのページを飛ばして勉強した記憶がある。
それは日本語だって、1 本、2 本、3 本…とか、1 人、

2人、3人…とか、日本語ネイティヴならまず間違えることはない数え方を、外国語として学習しようとすれば結構ややこしく、説明可能な法則を見つけるほうがかえって難しいのとちょっと似ているが、アイルランド語の数え方のややこしさはその比ではない（ような気がする、だってネイティヴが間違えるんだから…）。まぁどうせ、当てられて立たされて恥をかくなんてことのない、気ままな60の手習いだから…が、いけなかったのだろう、さっぱり身につかなかった。それにしてもそのことばを母語とする島びとが正確に数えられない、あるいは正確に綴れない、のは、言語として整理される機会を奪われた被抑圧言語であったことが大きいだろう。

あまり実りのなかった学習だったが、その中で不思議なのは、言語全体の学習とか理解の困難とは関係なく、出会った瞬間に記憶に刻まれ、二度と忘れない語がいくつかあったことだ。その第一がこの tráthnóna（夕暮れ）という語だった。教科書の読解問題の短い文章のタイトルだったが… この語を舌に転がすと、畑でじゃがいも掘りの労働を終えた島びとがふたり、家路につく前のひと時、畑を区切る低い石積みの壁にもたれて、パイプに火をつけて一服している夕暮れの光

景が浮かぶ。それはそのテクストにそう書かれていたから視覚的一場面として覚えているのだが、ことばとしてまず覚えたのは、タイトルとして一度だけ出てくる tráthnóna という語。

　そしてこの夕景を思うと自動的に浮かんでくるのが、tuirseach（疲れた）という形容詞と、scian phóca（ポケットナイフ）という名詞。
　日も暮れてきて、ふたりのうちひとりルーアリー（たぶん年長のほう、どうでもいいけど…）は疲れてきていた(Bhí Ruairí ag éirí *tuirseach*…)。「タルシャッハ」と、比較的カタカナにし易いこの語の音は、アイルランド語を教科書で勉強し始めるより以前に耳にしたことがあるような気がする。意味はわからないながら、他の雑然とした音の塊のなかから、「タルシャッハ」とそれだけ聞きとれるので耳に残ったのだ。おそらくケルト音楽などを聴いていたときに、何度か。教科書のこの課で意味がわかり、「夕暮れ」の情景と共に、ぴたりと記憶に定着した。（もっとも、正確な発音に関してはやはりカタカナでは無理で、どうしても「タルシャッハ」と聞こえていたこの語は辞書には〔tors'əx〕と発音記号が記されているから「トルシャッハ」か？　別の辞書には〔tirs'əx〕と記されていて、それなら「ティルシャッハ」？　…まぁあの Mícheál 青年の名も、

地方によってミホールだったり、ミハルだったり、ミーオールだったり、ミヒールだったりするからね、そしてどう呼ばれても彼は返事をすると思う、マイケルと呼ばれないかぎりはね…）

　さて夕暮れ、ちょっとくたびれたルーアリー（トルシャッハ）は、仕事を終えて家に帰る前に一服したいと思い、相棒に「俺のパイプとタバコを取ってくれ」と言い、そのあと続けて「俺のポケットナイフ（シキンフォーカ）はどこだい？」と尋ねる。小さいナイフが、パイプに詰まったタバコをかきだすのに必要なのか、何のためなのか、説明はなし。ちょっと不思議だったが、おかげでこの道具の名前を覚えた。覚えていてもあまり役に立ちそうにないが。tráthnóna という音と浮かんでくる風景が好きで、教科書付属の CD のこの課をくりかえし聞いていたせいで、ポケットナイフの部分は "Cá bhfuil mo scian phóca?" という短文がまるごと、一続きの音として記憶に残った。「カ（コ）ルモ　シキンフォーカ」という音の連なり、とりわけ後半の鋭い音が。先の「タ（ト）ルシャッハ」が他の語とはつながらず単独の語として飛び出してきて耳に残ったのとは少し違う。

　これらのことばは記憶の第一層にではなく、二層目にある。一層目にある tráthnóna を思い出したあと、件の場面が浮かび、次にその場面とともに、疲れた

tuirseach ルーアリーと、scian phóca はどこ？　という彼の問いを思い出すのだ。

「夕暮れ tráthnóna」に関しては、この語がなぜあれほどすんなり定着したか、は、いまだに謎。ところが、いつかアイルランドへ行こうという望みを抱いて教科書をヨチヨチ読み進んでいたときには（さらには念願かなってかの地に滞在していたときでさえ）考えもしていなかったことについて、さらに何年も過ぎてから、「あ！」という形ですとんと胸に落ちることがある。これは特別なことばなのだ、きっと。

　もう半世紀以上昔のこと、パリでベケットの芝居を観た（〈おお、麗しの日々〉オー・レ・ボー・ジュール…なんと示唆的なタイトル！）。その頃まだベケットは健在で（ノーベル文学賞を受けたばかり）、パリ在住、フランス語による現役の小説・劇作家だった。芝居を観た当時、アイルランドとは（幼時の民話・童話体験以来）接点がなかったし（もちろんベケットがアイルランド人だということは知っていたが）、記憶の彼方に霞むアイルランド（のフォークロア）と、五月革命の余熱の残るパリにあって、栄えあるノーベル賞授賞式をすっぽかした（権威におもねらない、気骨あるというか…人嫌いも引っ込み思案もそこまで徹底すれば立派、と

いうか…、格好良く言えば，そう，孤高の）文学者・ベケット、との距離はあまりにも遠かった（ちなみに受賞の報せがもたらされたとき、ベケットはぼそりとひとこと、こんな賞はジョイスにこそふさわしい、と言ったそうだ）。

　そして半世紀が過ぎ、人生の終わり近くなって、幼い頃の妖精の世界、再発見の旅。
　妖精に会うつもりが、ダブリンでは思いがけない予定外の出会いがあって（だからきっと、それこそが彼らのしわざ…かな？）、こんどはこちら（フランスではなくアイルランド）側からあらためて、ベケットの姿を見ることになった。アイルランド人、ベケット。自分自身による故郷追放者。
　パリの老人ホームで最期の日々を過ごすベケットをモデルにした小説を読んだのがきっかけで、かつて舞台を観、本を読んだ芝居の、少し黄ばんだテクストを開いてみた――ベケットを世界中で有名にした、そして若かった自分にとっても初めてのベケット体験であった、〈ゴドーを待ちながら〉。
　冒頭のト書き――「いなか道、木が一本／夕暮れ」。

「あ！」は、このとき来た。謎が解けたのではなく、もうひとつ別の、まるで根拠のない確信として。

193

この「夕暮れ」って、これまさに tráthnóna ではないか！
　〈ゴドー〉のあのあたりまえでない「夕暮れ」、soir（テクストのフランス語）とか evening（作者本人による英訳）という語では表現できない時間！

　（ちなみに辞書によれば、tráth は「時間」、nóna は nóin の属格、nóin はもともと「第9時課」、カトリックの聖務日課で、午後3時ごろの祈りを意味するという。もちろん普通に、午後とか、夕方とか、正午という意味もある）

　「夕暮れ」は、日が落ちて夜になるまでの移行の時間帯であるはずだが、〈ゴドー〉の舞台の時間は、なんというか、動かない。…つまり、主人公ふたりが「待ち続ける」間はずっと「夕暮れ」なのである。
　3人目のエキセントリックな登場人物ポッツォが「ここの 黄 昏（クレピュスキュル）」について一席ぶち、とつぜん襲ってくる「夜」についても予告してくれる。
　男の子がやって来て、今日ゴドーは来ない、と告げたとたんストンと夜になって（舞台は照明が落ちて暗くなり、ホリゾントに月がヒュッと昇る）1幕は終わる。
　2幕も1幕と同じ時間帯。2幕では、薄明かりのこの時間がもしかすると夜明けなのではないか、太陽は

昇りつつあるのではないか、と、ありえない議論が起きさえする。男の子が来て、今日ゴドーは来ないと伝え、1幕と同じように、とつぜん夜になる。

　3幕はないが、あれば、やはり場面は「夕暮れ」で、ゴドーが来ない、とわかったとたん夜になるだろう（ベケットによれば、芝居は1幕では短すぎるが、3幕では長すぎる、そうだ。なるほど、主人公のふたり、ウラジミールとエストラゴンが捉われている、このくり返される待機時間の不条理を観客／読者が感じ取るのには、2幕は必要だが、2幕あれば十分だ）。

　ベケットが創りだした、あの、天文学的には少々奇妙な時間、soir は、ほんとうは tráthnóna と言うべき時間なのだ。ベケットが、そこから逃げ出したアイルランド、の、それから逃げ出した祈り、の、時間を言うことば。

　Tráth Nóna——修道院では午後の祈りの時間。ウラジミールとエストラゴンにとっては、待ち続ける、暮れない時間。しかし今日、ゴドー Godot（国籍不明の「ゴドー」という名のなかには「神」がいる）は来ない。来ない、という伝言とともにこの時間は果てる。夜になる。明日は？　明日こそは来るかもしれない。（「明日」というのはないのに、永遠に「今日」がくり返されるだけなのに…永遠の tráthnóna…）

195

ベケットは忘れているが、あるいは意識的に思い出さないようにしているが、幼い頃、いつか聞いたことば——子守唄のなかにあったか、乳母のお話のなかに出てきたか——が記憶の深層にあって、それは絶対的な「夕暮れ」として、夜にならずいつまでもそのまま留まり続ける風景として、彼がどこまで逃げてもついてまわる。この薄暗がり（薄明かり）は、「ゴドー」だけでなく、他の作品のなかにも漂っていたように思う。名前も、体もなく、おしゃべりだけの存在になりはてた男は、何度くらい「夕暮れ」と言っただろう？　それとも「灰色」と？　明るさ（白）と暗さ（黒）の中間、昼と夜のあわいの時間として、あるいは自分がそこに閉じ込められている空間、として？

　その不可思議な時空間、それが tráthnóna。

　…これは、なぜか雷に打たれたようにこのことばを受容してしまった者の牽強付会、根拠なきコジツケだろうか？

　そうであるか、そうでないか——答えはない。次にアイルランドに行ったとき、もしベケットに会うことがあったら、忘れずに訊いてみよう、この語を知っているかと、いや、知っているのは当たり前か、彼は英

語話者だがアイルランド人だ、むしろ、初めてこの語を聞いたのはいつだったかと問うてみよう。 ── きっと覚えていないと言うだろう。当然だ。

　教科書のテクストはそういうややこしい話ではない。単純に、きれいな秋の夕暮れである。沈みかける太陽、低い石垣、タバコの小さい赤い火。じゃがいもほりの仕事を終えたふたりの男は、だれも待ってはいない。労働の疲れを癒しながら、安らいだ気持ちで空を見ている。静かに夜が訪れようとしている。やがて月が昇るだろう、と、その語りは結ばれる。月が、〈ゴドー〉の舞台でのように変な昇り方をしないことはたしかだ。

　…手紙でPSというものがある。ポスト・スクリプト、追伸である。いったん書き終わってから、まだ書き足すべきことがあったので、つけ加えます…　この項目も、それを許してもらうことにしよう。前段落で終わるはずだったが、ベケットを出したならわたしも出せと、ジョイスがごねる。もう、まったく…。

　はい、はい、たしかに、「夕暮れの地（イヴニング・ランド）」という表現が『ユリシーズ』第３挿話の最終部にあります。

197

スティーヴンは、その朝まで寄宿していた近郊の海辺の塔を出てダブリン市中に行く途中、市の南東部の海岸を散歩する。風景や人びとを眺めながら、さまざまな瞑想（回想・妄想）に耽りながら時を過ごしたあと、こう独語する——

「行こう。（…）どこへ？　夕暮れの地へ、だ。いずれ夕暮れになる」

　そしてまだぐずぐずしながら、つけくわえる——
「そう、いずれぼくの内部（なか）も夕暮れになる、ぼくが何もしなくても。すべての日々には終わりが来るんだ」

　はじめて読んだときにはまったく記憶に留まらなかったこの部分にドキッとさせられたのは、tráthnóna という語を覚えたからだろう。1904 年 6 月 16 日、時刻は午前 11 時。これから市内の新聞社へ行こうとしているスティーヴンが、なぜ「夕暮れの地」に行くなどと独語したのか、「ぼくの内部も夕暮れになる」とはどういう意味か。勝手な直感でしかないが、英語で evening と記されるこの「夕暮れ」は、ベケットの soir とおなじく、tráthnóna なのだと思う。ジョイスは英語とアイルランド語のアマルガムをいたるところで作るが、ここではその遊びをやっていない。たぶん、ことば遊びをやる場面ではないのだ。

tráthnóna を、物理的現象としてではなく、アイル
ランドに（というよりは、Éire という土地に生を受けたひと
——まぁ誰でも、というわけではないかもしれないから、ある
種のひとと言ったほうがいいかもしれないが——に）固有の
心象として捉えたとき、「夕暮れの地に行く」「ぼく
の内部の夕暮れ」という言い方が理解できるような
気がする。挫折し疎外されたスティーヴンは、ちょ
うど足元に満ちてくる潮のように自らを浸してくる
tráthnóna を意識する。22 歳のジョイス自身だ。現実
の彼はこの地を去るが、スティーヴンは tráthnóna の
予感を抱えたまま、永遠に年をとらない。「すべての
日々には終わりがくる」というのは希望なのか絶望な
のか？　いずれにしても、ブルームの家でココアを飲
んでから、あてもなく彼がそのなかへ出て行った夜は、
たんに 6 月 16 日の夜、いやもう 17 日の未明か、であ
るだけで、「終わり」ではない。スティーヴンは、「や
がて tráthnóna に浸される」存在として、いつまでも
ダブリンを彷徨う…。

　…これでよかったでしょうか、ミスター・ジョイス？
あなた自身のためではなく、スティーヴンのためにご
ねてやったのですね…。

uaigneach　　[uəgʹnʹəx]　　寂しい

　この語にはどこで出会ったのか、はっきりした記憶
はない。還暦を過ぎてからの新しい言語の独習で、昨
日学んだことを覚えていないどころか、ついさっき
辞書で確かめたはずの単語の意味が、え？　なんだっ
け？　という始末で、とびきり難しい数の数え方や
ら、格の変化やら動詞の活用やらは言うに及ばず、簡
単な挨拶の文でさえ、まったく頭のなかに歩留まりが
ない、という状況。その五里霧中、前に進んでいるの
やら後ろに後退している（覚えたよりたくさん忘れる）の
やらも定かでないなか、たぶんそんなに幾度も出てく
るとは思えないのだが、気づいたら、記憶の第一層に、
tráthnóna とともに、東西の横綱という位置を占めて
いた。それも早い時期に。だから、教科書の中ごろに
出てきた "Bhí Colm *uaigneach.*" という一文が聞き分け
られたのである。あとは音楽のような音の連なりにし
か聞こえないテクストのなかで、そこだけが、意味の
ある「文」として聞こえてきた──「コラムは寂しか
った」（何が寂しかったのだろう？）。はっきりとその情景
が浮かんでくる tráthnóna と異なり、uaigneach は感
情を表わす語だから、この語を視覚的に思い描くこと
はできないし、scian phóca（ポケットナイフ）のように

自動的にその場面につながって出てくる語もない。だが、寂しい、という感情というか、気分というか、は、アイルランド Éire、について学んだり、のことを考えたり、の音楽を聴いたり、の人の書いたものを読んだりすると、必ず、そのなかに忍びこんでいる、あるいはあらゆるものがそれに覆われている、ように思えてならない。だからこそ、いつ、どこで会ったのかはっきりしないのに、この語は脳の「Éire 領野」を速やかに染めたのだろう。

　その独習書は、古の「学者と詩人の国 Éire」らしく、詩人が作ったもので、「読解」の練習問題の短文には忘れられないものがいくつかあった。uaigneach は早いうちに（知らない間に）語として刷り込まれていたが、だいぶ後のほうになって uaigh という語に出くわした。ちょっと uaigneach に似ている。

　知り合いの男が車で走っていたところ、前を行くトラックの積み荷の樽のロープがゆるんで転がり落ち、その落下事故にまきこまれ、トラックは無傷だったのに、知り合いは死んでしまった、その悲惨な状況と、その後の彼の葬儀や埋葬、会葬者の様子などを述べたテクストのなかに出てくるこの語は、（話の筋から辞書を引く前にわかったが）「墓」という意味だった（ちなみに

この語の複数は uaigheanna とつづり、ますます uaigneach とまぎらわしい…）。

　単なる語学教科書の読解問題文とはいえ、そのテーマの選択に、彼我の違いを感じたものだ。葬式の話などまず日本の教科書には載らないだろう。ほかに、政治、孤独、労働、諍い、盗難なども。生活や旅行に役立つ例文、とか、知っていると便利な日常会話、とかを覚えさせようという発想がない。いや、お悔やみの言い方には「そういうふうに言うものなのです」という解説がついていたか…とはいえ、あまり役に立ってほしくない会話ではある。アイルランド語の学習者は、それを外国語として学ぶ人だけではなく、自国の第一言語として学ぶ人も多いという事情を考えれば、日常会話や旅行に便利な会話のスキルなどというのはその学習目的に含まれていないということかもしれない。国の第一言語が母語ではなくなってしまいつつある民族の悲哀。ここにも uaigneach の色は濃い。

　「教科書」以外の本も読んでみたいと思い、英語の対訳がついている本をダブリンで何冊か買って帰った。内容は吟味せずに。アイルランド語で書かれた本といえば、児童書の棚にはお話あり、漫画や劇画あり、易しい歴史や神話の本あり、と、いろいろそろっている

が、おとな（の初学者）向きは選ぶのに苦労するほど
ないから、手当たり次第。日本に帰ってから、それら
のうちの一冊のタイトルを、こんどはじっくり眺めて
ちょっと驚いた――"Bás in Éirin"（アイルランドで死ぬ
こと）… 柩を担いで海辺へと進んでゆく人びとが表紙
に描かれている。葬列である。

　それは20世紀にアイルランド語で書かれた7つの
短編小説のアンソロジーだった。編者によれば、それ
ら短編は「死」を共通のテーマとしてもつ。アイル
ランドの散文作家は――やはり編者によれば――この
テーマを扱うのに長けている（たとえばロマンティック
な恋愛譚などよりは）という。彼（編者氏）が例として挙
げるのが、文学の巨人ジェイムス・ジョイス。なにし
ろ初期の短編集のなかで、最もすぐれた作品は"The
dead"（死者たち）であり、遺作となったのは世界的に
有名な（だが誰も読めない）*Finnegans Wake*（フィネガンの
通夜）なのだから、というわけだ。それで納得するか
どうかは別として、アイルランドでは生活の地続きに
死があるという感覚はわかるような気がする。わが旅
の先達シングにあっても、生前残した戯曲6篇のうち
4篇までが、死または死者にまつわるものである。の
みならず、散文のアラン紀行においても、死は島びと

たちの日常のなかにつねにあることが何度も語られる。

　その短編集の、死を共通のテーマとするという7篇のなかでも、とりわけ、"Ar an Tráigh Fholamh"（ひと気なき海辺にて）という一篇は、心に残る。こんな話——

　Samhain（万聖節）まで3週間という寒い日、襤褸をまとった農夫カハルは、痩せこけた身体にしみる風に身を震わせながら、畑のそこここを掘り返してやっと見つけた貧相なジャガイモをいくつか帽子のなかに入れ、みすぼらしい家に帰ってくる。薄暗い部屋の隅のベッドで、義父のアーチが冷たくなっているのを見出す。家族の最後のひとり。家の壁が、愛情深く陽気な家族を擁していた日々が去って久しい。死者のために流す涙も、祈ることばもカハルには残っていない。神様のことは忘れてしまった。だって神様のほうで、もうずっと前に、カハルたちのことを忘れてしまったのだから。あの「大飢饉」が始まってからというもの。死者のためのcaoineadh（哀悼歌）もfaire（通夜）もない。人びとはひっそりと死んで、残された者たちが黙って死者を葬った。なかには人間らしく埋葬された者

もあるが、多くは、墓地でもない場所にぞんざいに掘った穴に投げ込まれた（困窮は人を人でなくしてしまう）。カハルは、アーチの亡骸（なきがら）をロープで自らの背中にくくりつけ、家を出る。家のどこかの片隅で鳴きはじめる、urchuil uaigneach（寂しいコオロギ）——いっぴきだけ残されて寂しいコオロギ？　その鳴く声が寂しい？　状況自体が寂しい？　聞いていると寂しくなる？　そのすべてを言うことば uaigneach。

　運命と死者を重く背に負い、足元に目を落としてカハルは歩く。途中、困窮者に食べものがふるまわれる給餌所があるが、背負うその不吉な荷ゆえに、一口のスープにもありつけない。ののしられ、追い払われ、それでも黙って、亡骸と、自分自身を引きずるようにカハルは歩き続け、ようやく、岬の突端にある墓地にたどり着く。父親を埋葬したときに立てた（もう半ば毀れた）十字架を探し、その場所に、借りてきたシャベルで浅い穴を掘る。それが精一杯。かたく冷たい亡骸をそこに横たえる。「覆うもののない身体にシャベルで土をかけるのは易しいことではなかった」。しかしとうとう亡骸は土に覆われ、その辺りにある土饅頭のひとつになる。疲れ果てたカハルは、彼自身もまたその墓の上に倒れ伏す。

　（最後の数行はこうだ）

「白いカモメが上空を舞い、鋭く叫ぶ、死者を悼んで叫ぶ。雲に隠れていた太陽が姿をあらわし、まるで火の精（スピリット）と氷の精（スピリット）を半々に混ぜ合わせたような微（かす）かな淡い光を投げかける。光は、死者たちの隠れ処、実りのないジャガイモ畑、誰もいない道（uaigneach）、そして、家々の静まりかえった壁へと拡がってゆく」

　作者は Seosamh Mac Grianna（ショーサヴ・マック・グリアナ）。1900 年ドネゴール生まれだから、「大飢饉」を体験しているわけではない。父親から聞いたエピソードをもとに書いたという。だがあまりにも酷くあまりにも寂しくて肺腑をえぐる物語、それを語る厳しく引き締まった彼のアイルランド語には一種凄絶な美しさがある。このことばにたくさん接しているわけではない初学者にも、それは感得できる。（おそらく）そのため妖精に気に入られ、36 歳で魂はあっちの国に行ってしまって、死ぬまでこちらに帰って来ることはなかったそうだ。彼の身体は 90 歳まで、こちら側に留まったのだが…。

　アイルランドでは、日常のなかに妖精がいて、日常のなかに死がある。
　"Bás in Éirinn" は伝統的な乾杯の音頭のリフレイン

のようだ（アンソロジーの扉から引用）――

Sláinte an bhradáin:　　最高の（サケの）乾杯！
croí folláin, gob fliuch,　心健やかに　唇を濡らそう
agus bás in Éirinn.　　　そしてアイルランドで死ねます
　　　　　　　　　　　　ように

Sláinte agus saol agat,　健康と長寿に乾杯
bean ar do mhian agat,　最愛の伴侶に
talamh gan chíos agat,　地代のいらぬ土地に
agus bás in Éirinn　　　そしてアイルランドで死ねます
　　　　　　　　　　　　ように！

　…どんなに日常が苦しかろうと不幸だろうと、土地を追われた者、海で死んで亡骸も上がらない者、故郷を想いつつ異郷で命を終えた者たちのことを思えば、産土に葬られることは、最後のよき事、最後の安らぎなのだ。それがていねいな、心のこもった弔いならなおのこと。

　カハルは最後の力をふりしぼって、ひとりでアーチの埋葬をした。祈りもなく、通夜もなく、収める柩さえなく、十分でていねいな埋葬でなかったとはいえ。

神から見棄てられたが自分はアーチを見棄てなかった。

　モーリヤは、夫、兄弟、息子たち、家族のすべての男たちを海に取られて喪(うしな)ったが、それでもなお、マイケルが遠い北のドネゴールでていねいに葬ってもらったこと、バートリーの柩のための板があり、深い穴に埋葬してやれることを感謝する。カハルの埋葬を知れば、それは大きなことなのだ。
「それ以上、何を望むことがあるかい？　…だれも永遠に生きられはしない、だからわしらも満足せねば」

　uaigh（墓）は uaigneach（寂しい）場所だが、生きる場所がすでに寂しい、生きることそのこと自体が寂しいのだ。Éire はそれを知っているという気がする。

Ulaidh　[ulə]　アルスター

「強い女王スカァアが剣持つ手の掌に死の影を握つて
支配してゐたスカイの島をクウフリンが立ち去つた
時、そこには彼の美を惜しむなげきがあつた。クウフ
リンはアルスタアの王コノール・マツク・ネサの招き
に依つてアイルランドに帰つたのであつた。そのとき
レツドブランチの党派は血に浸つてゐた。予言する人
たちの眼には恐しい事が起つて拡がつて行くのが見え
てゐた。

　クウフリンは年齢からいへばまだ少年であつた、し
かしスカイに来たとき少年であつた彼は丈夫となつて
その地を去つた」（フィオナ・マクラオド『かなしき女王』
より「女王スカァアの笑ひ」冒頭部、日本語訳松村みね子　第
一書房 1925）

　図書館の書架で『かなしき女王　ケルト幻想作品集』
という、旧仮名使いで表記された本をたまたま手に取
って立ち読みし始めてやめられなくなり、借りて帰っ
て終わりまで読んだのはいったい何年前のことだった
か？　…何年？　…何十年前？　わが 75 年の旅路の
ちょうど半分くらいの頃だったろうか？

フィオナ・マクラオド（マクロード）というのは女性の名前だがじつはウィリアム・シャープという男性作家である、とか、訳者の松村みね子とは大正期の閨秀歌人片山広子で、芥川龍之介が想い焦がれた女性であった、とか、アイルランド文学におけるゲール文化復興運動は、大正期の日本にも少なからぬ影響を及ぼした、など、さまざまのことを知ったのは後の話。立ち読みの当時は、ケルト幻想譚と言ってもアイルランドとスコットランドは違う、ということもはっきりわかっていたわけではなかった。もちろん、それよりもずっと以前の、幼い日々を彩ってくれた少し怖い、いろいろな妖精のお話ののっている本が、「アイルランド童話集」と「スコットランド童話集」と二冊あって、なにがちがうんだろうと少し不思議だったことは記憶のなかにあるけれど、それらのお話がケルトという民族のものであることなど当時は知るよしもなく。

　マクロードの幻想譚はスコットランドのケルト伝承物語をもとにしたもの。しかし遠い古代の神話・伝説のなかで「島のケルト」たちは入り混じる。

　髪に霜をおく年齢（とし）になって、お譚が三度目に戸をたたいた。

アイルランドの旅から帰って、ダブリンで買い求めた児童用劇画物語 *An Toin*（牡牛争奪戦）の、それこそ「血に浸った」場面をながめていたとき、すっかり忘れていた 30 数年前の、「女王スカァアの笑ひ」の冒頭の、少し古めかしい日本語訳の記述が記憶によみがえった。そうだった、クー・フリンは、そのとき女王スカァア（原語 Scathach をなんとかカタカナで、と苦労の痕跡_{あと}。もっと新しい訳ではスカーとか、スカザッハとか、スカータハ…とにかくゲール語の綴りをカタカナで表記するのは至難。「ギョエテ」で驚いたゲーテの比ではない）のもとで武芸の修行をしていたスコットランドのスカイ島を去り、あのページで予言されていたように血なまぐさい戦いに身を投じるためにアイルランドに帰ったのだった。

　赤　枝^{レッドブランチ} 戦士団を率いるコノール王のアルスターと、コナハトの女王メーヴに率いられたアイルランド軍（コナハト、レンスター、マンスター、3 州の連合軍）との戦いの物語。数あるなかで最も有名なのがクアルンゲの牡牛争奪戦の物語である。この戦いでクー・フリンは、スカイ島で共に修業をして親友となったフェルディアスを、女王スカァアから贈られた槍ガイ・ボルガで殺すことになる。クー・フリンはアルスター王の戦士団の雄だが、フェルディアスはコナハトの女王メーヴの

戦士。生涯互いに闘わぬことを誓い合ったふたりだったのに、メーヴに謀られて、闘うことを余儀なくされたのだ。首が飛び、血が川のように流れる戦いの発端は、メーヴと夫アリルの、寝室での睦まじい寝物語ならぬ互いの財産自慢の痴話喧嘩。トロイ戦争の始まりが一個のりんごを誰にやるかであったのとどちらがマシか。いや、「マシ」な戦争などはひとつもない。権力者がただ自らの無体な欲望を遂げるためにだけ人民の血を流させるという戦いの図式は、神話の時代から現代に至るまで少しも変わることなく連綿と続く。救いがたい人間の権力欲、権力を握った者たちのどれもこれも似通って非道で醜悪なこと！　嗚呼！

　ところで、牛の争奪を発端とした王国を挙げての戦いは、ほぼクー・フリンひとりの獅子奮迅の大活躍（もちろんそこは神話だから、アルスターのほかの戦士たちには呪いがかかっていて、まだ少年だった彼だけがそれを免れていたとか、彼の父親である神の力添えがあって傷はすぐに癒されたとか、いろいろするわけだが…）で、アルスター側の勝利に終わる。女王メーヴはその屈辱を晴らすべく、あの手この手、さらなる姦計をめぐらせて、親友を殺した心の痛手から立ち直れないクー・フリンを追いかけ、追いつめ、ついに命を奪う。もっとも若くして死ぬ運

命は、王の戦士となったときから予言されていたことではあったけれど。こうしてクー・フリンは最期をむかえるが、立って死にたいと、石柱に自ら身体を縛りつけた姿で絶命する。戦いの女神モリガンがカラスの姿で飛来し、その肩に止まる。アルスター王国赤枝戦士団の一の勇士クー・フリンは、死んでアイルランド伝説の英雄となる。

　アルスター神話群（サイクル）には、赤枝戦士団の戦士のひとりニーシと、コノール王の妻になると運命づけられた美しいディアドラの悲恋の物語もある。ここでも予言と抗いと裏切り、予言の成就、死。ディアドラもニーシも、運命を知りつつ逃れようと抗い、騙され、若い命を散らす。コノール王は、彼もまた、権力と策謀で運命を手玉に取ろうとするが果たせず、その都エヴィン・ヴァハは予言どおり滅びる（シングは、多くの詩人、作家たちが再話を手がけたこの古代神話の悲恋物語を、散文劇作品として病の床で推敲し続け、完成させようとしていたが、彼自身の命もそこで尽きた）。

　コノールはイエス・キリストと同年の生まれという。神話と歴史を結びつけようとする眉唾説かもしれないが、それを信じるとすればコノール王は、自らの血族

（甥だか従弟だか）であるクー・フリンが石の柱にわが身を縛り付け、キリストが遠い東の国で十字架に掛けられた、彼らの死のときをはるかに越えて老いを迎えた。クー・フリンは死んでアルスターのみならず、アイルランド全土の英雄となり、磔にされたキリストの力は、全世界に、時をも超えてあまねく及ぶ。コノールは権力者として老い、若いディアドラを娶ろうとしたが果たせず、王都の炎上を見ることになる（こんなことを書いていると、「爺さまや大統領になるために生きているわけじゃないだろ？」と嘯き、39歳で死んだ革命家ゲバラのことが頭をよぎった…）。

　予言は果たされねばならず、酷い宿命は成就しなければならない。死と喪失こそが神話として、物語として永遠の命を得る条件となる。

　アルスターは、アイルランドのなかで、特殊な地域である。神話の昔からこの島は東西南北（レンスター、コナハト、マンスター、アルスター）の四つの王国に別れてきた。

（ちなみに、古代、四つの王国の王たちのさらに上には上王がおり、その即位地であり居住地であるタラは聖域、そのタラのあるミースを加えてアイルランド五王国と記す本もあるが、上王は実際の統治はせず、聖地タラはいわば全アイルランドの精

神的中心、他の四王国とは並列できない、だから四つの王国…)

　四王国の区別はそのまま州の呼び名として現代にま
で引き継がれ、旅行のガイドブックもその区分けで記
述されている。つまりアルスターは、アイルランドを
旅する者には外せない場所ということだ。アイルラン
ド古代神話を代表するのはアルスター神話群だし、そ
のヒーローはクー・フリン。古代の王都エヴィン・ヴ
ァハは、アルスターのアーマーにその遺跡が残る。神
話の時代から下って、4世紀、キリスト教をこの島に
もたらした聖パトリックが、アイルランドに初めて建
てた教会もアーマーにある。にもかかわらず、アーマ
ーを含むアルスターの大部分はいま、アイルランド共
和国には属しておらず、　英　国　の自治州・北アイ
ルランドとなっている。神話の昔、コノール王のアル
スターは、メーヴ率いるアイルランド連合軍と戦った。
神話は、現代のアルスターの状況の予言だったか。

　大ブリテン島のプロテスタント住民たちがせっせと
海峡を渡ってアイルランド島北部、アルスター州に入
植し始めたのは、エリザベス1世の時代だった。カト
リック住民たちの、英国への反抗が激しくなっている
ことへの対抗措置だ。対立の激化は、父である英国王
ヘンリー8世が、離婚問題でこじれたローマ・カトリ

ック教会と断絶してイギリス国教会を創設、自らアイルランド王であると任じて、ダブリンを拠点にイングランド（プロテスタント）によるアイルランド（カトリック）支配を目論んだことに端を発する。エリザベスはその政策を推し進めた。無理に押せば抵抗が強くなるのは万物世界共通の理屈（なんか同じせりふ、どこかで使ったな…）、それまではイングランドに支配されようがあれこれ指図されようが、いわば同じカトリック、団結して抵抗するでもなく、ぬらりくらり、昔からの流儀を変えることなく、イングランドからやって来たノルマン人入植者を取り込んだり、土着の族同士でいがみあったりしていたアイルランド人が、俄然抵抗し始める。とりわけその力が強かったのが、カトリックの多い北のアルスター。ティローンにはオニール家、ドネゴールにはオドネル家という、アイルランド史に名の残るゲールの族長たちがいたのである。彼らはいがみあいをやめて力を合わせ、全アイルランドのために英国と果敢に戦った。しかしあまりにも遅すぎた結束は勝利に結びつかず、9年に及ぶ戦いの末の敗北と、歴史に「伯爵の逃亡」として有名な彼らの大陸への亡命は、古いゲール社会の終焉を告げるものだった。アーサー王のアヴァロン島からの帰還のように、待ち望まれた族長たちの帰還は、やがて伝説になっていった。

族長たちの退去後のアルスターでは、イングランド
と低地スコットランドからのプロテスタント移民の入
植が加速する（ちなみに同じスコットランドでも、大ブリテ
ン島の最北部、高地地方にはアイルランドと同じケルト系の住
民が多く、部族社会も残っており、早々にイングランドに同化
した南部低地地方とは著しい違いがあった）。勤勉なプロ
テスタントの入植者たちは、港に造船業を発達させ、地
域を都市化して工業化・近代化を進める。おかげでア
ルスターは、アイルランド島で最も裕福な地域になっ
てゆく。カトリック住民の有力者は不毛な西部の州に
追放され、虐げられる零細な残留カトリック住民たち
の恨みはつのる。北アイルランドでのプロテスタント
とカトリックの根深い対立は、アイルランド全土のそ
れを集約した形となって、現代にいたるまで尾を引く
ことになる。

　さらに歴史を追えば、アイルランドにとって決定的
な疫病神、オリバー・クロムウェルの登場。イングラ
ンドで、清教徒の錦の御旗を押し立てて王の首を刎ね
た（時の英国王はカトリックのチャールズ１世、まだ英国で
もカトリックとプロテスタントの対立・抗争があった時代であ
る）。その勢いを駆って、国王派を支持した憎きカト

リックどもを一掃するべく、自身でアイルランドまでおしかける。アイルランド史に残るカトリックの大虐殺、大弾圧。

（あまり歴史を語らなかったドネゴールのガイド、パーリック氏も、つい最近見聞きした虐殺を思い出すかのように、あれはひどかった、と呟くくらい… 同じキリスト教徒がここまで反目するかというのが地球の裏側の住人の偽らぬ思いだが、なに、キリスト教徒に限らず、また、歴史をひもとくまでもなく、〇〇教徒、〇〇国人、〇〇民族、〇〇人種、〇〇党、〇〇主義者、などなどの人間集団の分類は、要するに看板にすぎず、権力者とは、そのときどきに都合の良い看板をかかげて大声で民草を叱咤激励、自らの権力基盤を拡充するためには情け容赦ない弾圧や殺戮をくりひろげるものだというのは、21世紀の今日でもまったく同じ！ 民草のひとりとして腹わたが煮えくりかえるが、ま、いまそれはともかく…）

　…これをきっかけに、アイルランドでは、12世紀以来の英国支配のくびきからの解放、独立、という願望が切実なものになってゆく。

　独立運動は全土で、17世紀以降300年以上をかけて小さな獲得と大きな譲歩を繰り返しながら少しずつ進み、20世紀、ついに英国は、条件付きでアイルランドの自治を認める。条件とは、アイルランドの南北

分割、すなわち北のアルスター6県は英国領としてとどまること、そしてアイルランドは英連邦の一員として王冠への敬意を表明すること、である。1921年のことだ。

　この条件は急進的なアイルランド独立派を激怒させる。条件を認めてともかく独立を、という穏健派との間に内戦がおこる。大きな対立が解消されたら、小さな対立、それが解消したら、さらにより小さな対立へ。どこまで行っても人間の集団は対立することから逃れられない。〈麦の穂を揺らす風〉の若者たちも、まずは英国の兵と戦い、英国兵が去ると、穏健派と急進派に分かれて昨日までの仲間と戦った。どこの地域でも、いつの時代でも起きる対立、抗争、覇権争い…ともかくアイルランド人同士、キリスト教徒同士、カトリック信者同士の争い、謀略・密告・裏切り・暗殺、なんでもありの凄絶な2年間。妥協と犠牲と痛苦と空しさを内に抱えて内戦が終結すると、譲歩の果実、アイルランド自由国の成立。完全な独立はさらに後の第二次世界大戦後の1949年。21年のふたつの条件のうち、北アイルランドは英国領にとどまる、というほうは、結局そのまま。

アイルランド共和国の首都ダブリンの中央郵便局に、死の間際のクー・フリンの彫像がある。英国からの独立を求め、この場所を指令部として決起し、力及ばず処刑されたイースター蜂起（1916年）の闘士たちの象徴として、彼の彫像は1935年にそこに置かれたそうだ。故郷のアーマーが境界線の向こう側になってしまって、帰るところがなくなったから…というわけではないだろうが、「国家的英雄」像としてのその場所への設置には、当時も論争があったらしい。現代の一介の観光客（わたしたちのような）にしても、古代神話の英雄と、近代史（それはまだ生々しい形で現代につながっている）を一緒にして象徴にしてしまっていいのかな、という違和感がないでもない。ダブリン観光のスポットとしては強力だろうけど。こう考えると、前にはなかったスーヴェニア・ショップとか、地下にできたらしい蜂起の記念博物館とかの案内も気になり出す。

　像は、郵便局の外（つまりオコンネル大通り）に正面を向けて置かれているために、郵便局の中から見ると横ないし後ろからしか見えない。通りの側から見ると厚いガラスに隔てられ、外のほうが明るいために、光の具合で中の像はよく見えない。像の正面の細部を見よ

220

うと近づき過ぎると、ガン！　あ、痛ッ！　ガラスに
おでこが…ベケットの小説『マーフィー』の一場面が
思い出される（中央郵便局のなかでひとりの男が、自分に背
を向けているこのクー・フリン像の尻だか腿だかに自分の頭を
ぶつけ始め、警備員につまみ出される――彼はこの英雄の尻に
侮辱されたと感じたらしい）。

　ベケットは、像が郵便局に設置された頃、ロンドン
でこの処女長編小説を書いていた。ダブリンにいる知
り合いに、鑑賞者の身長との関係を知るために、像の
臀部の高さを測って知らせてほしいと頼んだそうだ。

　ジョイスはその頃、パリで「進行中の作品」を執筆
中、"Couhounin's call!"（ムム、「Cú Chulainn すなわちク
ランの番犬 hound の、遠吠え howling」か？）などという謎々
を書いていたが、ダブリンに戻って「英雄像」を見る
機会は、もうないだろう。

　イェーツは、像の設置を古代神話の矮小化と感じて
頭をかかえた。同時代のダブリンの俗化に強い嫌悪感
を抱いていた詩人は、自身の死の前に、この像の死を
作品にした。それはもはや、クー・フリンを神話の英
雄としたのと同じ「死」ではなかった。

　シングは…彼はもうこの世にいなかった。復活祭蜂
起も、もちろんアイルランドの独立も、アルスター6

州の分離も知らない。彼にとってアルスター神話は自分の生まれた国の神話、クー・フリンはアルスターとコナハトの境の川の浅瀬（だったかな？）で機嫌よく（！）死んだままだろう。

　神話は神話として、お話はお話として、ずっと胸の深いところ、精神の土台となる地層に、眠らせておいてやったほうがいいのではないだろうか。何か役に立つことに利用しようなどと思わずに。国の偉い人が、「救国の英雄」を称える像の設置を！　なんて言い出したら、気をつけたほうがいい、われら庶民としては。

　ジョン John さんは境界線の近く（いまの行政区は Newry and Moune 県、昔の区分ではアーマー県南部）キリーン村に住む。分割以後、アーマーは国境線の向こう側の県になってしまった。「彼らが 21 年にここに境界線を引いた」。ミホールがマイケルと名乗らなかったために殺された、あの翌年だ。ジョンさんはもちろんまだ生まれていない。生まれたときすでに線はあって、生まれた側は英国領北アイルランド。ジョンさんのパスポートの国籍は英国、学校でアイルランド語を習うことはなかっただろうし、John という名前は線の向こう側では Seán となるなんて、もしかすると知

らないかも。しかしジョンさんは「彼ら」が引いた線、と言う。アイルランド島に生まれ、この島で育ったからには、線のどちら側であろうと彼はアイリッシュなのだ。

ジョンさんは言う、「この線のせいでこの南アーマー（プリティッシュ）は、今でもここの人たちはそう呼んでいるんだがね、長いこと紛争で荒れたんだよ」。彼が言うのは、70〜80年代の「北アイルランド紛争」のこと。カトリックとプロテスタントの宗派対立、ナショナリストとユニオニストの政治的対立は激烈で、北アイルランド自治州議会は機能せず、イングランド中央政府が介入し、問題はよけいもつれ、解決策がなかった。あちこちで暴動、テロ、行過ぎた鎮圧があった。たとえばデリー（血の日曜日事件）やベルファスト（相次いだテロ事件、ハンガースト獄中死事件）が世界中で有名だが、北と南の境界線地域もたいへんだったのだ。

なんとか収まりがついたのは、98年ベルファスト合意。この合意成立に貢献したカトリック穏健派・社会民主労働党の党首と、プロテスタント最大政党・アルスター統一党の党首は、ノーベル平和賞を受賞した。しかし、それで火種がなくなったというわけではない。2020年にはカトリック系、次いで2022年にはプロテスタント系の、それぞれの領袖であったひとは亡くな

った。

　そして同じ 2022 年、アイルランド自由国成立から
100 年、北アイルランドで初めて、シン・フェイン党
が議会選挙で第一党となった。テロ集団とみなされて
いた IRA を母体とする政党である。英国の EU 脱退
(2020 年) で国境問題がデッドロック状態に陥っている
ことに嫌気して、ナショナリスト側 (再びアイルランド
を全島一国に) の票が増加したということだろうか。し
かしこのために北アイルランド州議会はまたしても機
能停止状態、シン・IRA なる集団も出現して、テロ
事件の再発が見られる。ニュースを見るにつけ、思想、
信条、宗教をもつがゆえの人間集団の果てしないいが
みあいの空しさに、暗澹とした気分になる。

　境界線を引くから話がややこしくなる。

　キリーン村から南へと続く一本の道路。道を横切
る境界線 (もちろん「線」などない、道の両側にちょっとし
た柵があるだけで、締め切るようにもなっていない) の手前
(北側) の道端に、ジョンさんは仲間と小さい小屋を
建て、CUSTOMS (税関) の看板を掲げた。小屋の前
には、南に向けた小さい立て看板もあり、「これより
Killeen。自転車も含め、すべての車は一時停止」と

書いてある。南から来て北アイルランドに入る車、北から来てアイルランド共和国に入る車。知り合いも多い。手を振って通り過ぎる。だれも止まったりしない、もちろん。止まるのは、このアイロニーを理解しない外国の TV 取材車だけだ。「せっかく平和になったっていうのに、また線を復活させるのかね？」と、ジョンさんは問う。ここ 20 年ほどは平和に、自由に、またいで往来できた、100 年前に引かれた線。「国」とはいったい何？　国境って？

　ジョンさんは言う。「占領されたって home land は home land さ、そうだろ？」――なんと訳す？　祖国？故国？　故郷？　産土（うぶすな）？

　わたしたちは旧・南アーマーに行ってジョンさんに会って話をきいたわけではない。わたしたちのアルスターの旅は、昔と変わらずいまもアイルランド最北の県であるドネゴールだけ。アルスターに行ったらオススメの、ジャイアント・コーズウェイもタイタニック・ベルファストも見ていない。なぜか？　もちろん国境を越えて英国（UK）に行く気はなかったからだ。旅から帰ってしばらくして、英国の EU 離脱がいよいよ現実化し、棚上げにされていた「国境管理」がやはり大きな問題となってきた頃に放映された TV 番組で、ジョンさん

225

の話を聞いた（見た）。そのとき、自分で頭のなかに境界線を引いていたとわかった。

　次にアイルランドに行くときには、ダブリンから真直ぐ北上して、キリーン村から北アイルランドに入って、アーマーに行ってみよう。神話の王都エヴィン・ヴァハがあった場所を訪ねてみよう。タラと同じく、何もなくなった場所、に立ってみよう、語り伝えられる物語の場所、に。

おわりに

　アイルランドの旅のあれやこれやを書き残しておこう、旅の相棒の撮った写真とともに小さい本を作ろう、と思いついたのは、2020年に始まったパンデミック下の蟄居生活が2年目も半ばを過ぎた2021年夏頃のこと。まだパンデミックの行き着く先は見えず、蟄居のボディブローがじんわりと心身にこたえてきているのを感じ始め、これはいけないとちょっと危機感を覚えた末の、自分なりの精神的処方薬でした。

　とはいえ、実際の旅はというと、2012年と2018年の2回、その後あっという間に時間が過ぎて、記憶というものは、ただでさえ時間が経てばだんだん薄れるものなのに、年齢がそれに拍車をかけて、秩序立った記憶はもはやない。書いて形にしようと思いつくのがそもそもあとのまつり、資料になるちゃんとした旅の記録だってとっていない（どこかの政府のお役所みたい…）。しかも書き始めると、展開の速い現実世界の状況やら、すっかり忘れていた昔の出来事やらが勝手に入り込んできて、書くほどに、最初に考えた旅の記録とはかけ離れた、奇妙な本ができてしまいました。

原稿に最後まで目を通してくださった編集者の秋元さんを「自分のなかを掘っているような気分」にさせ（ごめんなさい）、相棒の Ryo からさえ、「わたしらの旅の紀行というよりは、アンタの頭のなかを旅しているような気がしたッ」と言われる始末。ちょっとカスミのかかった Nam の頭のなかの迷路を、小さい Ryo がキョロキョロしながら歩いていくのを想像すると笑えますが、きっとこの Ryo さんはカメラを持ってはいないでしょう。どうも、旅の光景のなかに、実際には見なかったものまで見たような気がして話をカタるのは、Nam の悪いクセのようです。

　遠い過去から近い過去まで、積み重なった時間のそれぞれの層においての夢想妄想、記憶の彼方に漂う脈絡のない場面の数々、読書の断片、さらには旅の日々にはまったく知らなかった、あるいは気づかなかったことの、事後学習・気づきのアレコレ、と、雑多なお喋り、そのすべてのタネは、「アイルランド」とレッテルの貼られた引き出しにほうり込まれていたもの。この引き出しには、いっぱい疑問符のついたタネがまだいくつも。

　写真担当の Ryo のほうも、撮りたかったアイルラ

ンドの風や光、ポケットカメラでは限界があった、と、残念そう。たしかに、最初から旅行記を作ろうと計画していたなら、準備も覚悟のほども、ものを見る目も行動も、違っていたかもしれません。そういう意味では、計画性ゼロ、ウスボンヤリの小婆たちでしたが、べつように考えれば、目的意識（悪く言えば下心）のある旅は、取材のための旅行となって、ほんとうに楽しむことはできなかったかもしれないし…。

　でもとにかく、5度の夏をイニッシュ・マーンに通ったシングには及ばないけれど、3度目のなんとか、少なくとももう1回は行かねば、行きたいね、というのが小婆ふたりの願望です。しかし、これで最後、と更新した10年のパスポートの期限も切れ、「もう1回」が今生なのか来世なのかは、〇〇のみぞ知る。　…ですが、それは問題なしでしょう、なにしろ行き先はアイルランドなのだから。

2023.5.

Nam 記

［プロフィール］

伊藤　了子　1948年熊本県生まれ、明石市在住

山縣　直子　1947年兵庫県生まれ、神戸市在住

Éire [eːrʹə]
エ ー レ

小婆たちのアイルランド
オーバァ

発行日　　2023 年 6 月 27 日　第 1 刷発行

著　者　　山縣直子（やまがた・なおこ）
写　真　　伊藤了子（いとう・りょうこ）

発行者　　田辺修三
発行所　　東洋出版株式会社
　　　　　〒 112-0014　東京都文京区関口 1-23-6
　　　　　電話　03-5261-1004（代）
　　　　　振替　00110-2-175030
　　　　　http://www.toyo-shuppan.com/

印刷・製本　　日本ハイコム株式会社